はじめに

　読者の皆さんは、「仮想通貨」に興味がありますか?
もしかしたら、過去に痛い目にあった方も、いるかもしれません。

　2017年ごろ、「仮想通貨」が一大ブームになったことがありました。
　「仮想通貨バブル」時には、猫も杓子も飛びついて、「なんぼ儲かった?」みたいな
会話も、あちこちで交わされていたことでしょう。
＊
　自作PC界隈では、「仮想通貨マイニング」ブームの過熱が生み出した、グラフィックボー
ド価格の高騰が話題になりました。

　そして、2020年末ぐらいからのビットコイン「Bitcoin」、イーサリアム「Ethereum」の
高値相場からブームが再燃し、マイニングに興味をもつPCユーザーも増えたのではない
でしょうか。
＊
　本書では、筆者が把握している中での「マイニングの実情」と、自前の「マイニング
環境」を、自作PC目線で解説してみたいと思います。

なんやら商会

「仮想通貨」の大容量データを超高速計算する「自作PC」

CONTENTS

※「草コイン」とは、「時価総額」が小さく「知名度」も低い仮想通貨のこと。

## 第1章

仮想通貨

> 本章では、「仮想通貨」の基本をおさらいします。
>
> ＊
>
> 法律的に正しい呼称は、2019年5月に「暗号資産」に変更になっています
> が、本書では馴染みがある俗称の「仮想通貨」で統一して表記しています。

1-1　「仮想通貨」のおさらい

　「仮想通貨」をざっくり説明すると、

インターネット上で、「ブロックチェーン」と呼ばれる「公開分散元帳」に記録されていくシステムを、「通貨として運用」しているもの

と言えるでしょう。

　特定のサーバに頼らず、ブロックチェーンに参加しているコンピュータ全体で、記録を管理する仕組みです。

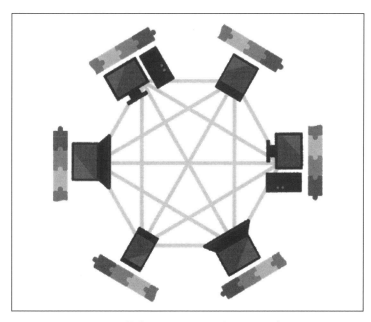

図1　「ブロックチェーン」のイメージ

1-2 「仮想通貨」の主な歴史

表1-1では、「ビットコイン」を中心とした「仮想通貨」と、NVIDIAの「グラフィックボード」、Intelの「CPU」製品群を並べてみました。

*

2017年の「マイニング・ブーム」は、おそらく次のようなことが要因ではないかと、考えています。

(1)「グラフィックボード」の性能が、仮想通貨の運用に適しはじめた。
(2) ビットコインが広がる中で、「Ethereum」を始めとした、「オルトコイン」と呼ばれる、さまざまな仮想通貨(約1,500種)が公開され、取引所に上場される時期が重なった。

1-3 仮想通貨の功罪

自由なインターネットの世界において誕生した仮想通貨技術は、人々に認知され、利用が広がっていきます。

また、それを使って利益を追求する人々(国レベルのケースもある)が組織的に動くことによって、さまざまな弊害が生じ、それを防ぐために、さまざまな規制が入るようになってきました。

表1-1 仮想通貨に関する主なニュース

年月	仮想通貨に関する出来事	その頃の主な Nvidia 製品	そのころの Intel の CPU
2008年10月	「サトシ・ナカモト」の名前で、「ビットコイン」に関する論文が初めて紹介された。	「Tesla アーキテクチャ」GeForce GTX 2xx,3xx	Core i第1世代「Nehalem」
2009年1月	「ビットコイン」の運用が開始。		
2010年5月	アメリカフロリダ州でプログラマーがピザ2枚を1万ビットコインで購入。「ビットコイン」で商取引が成立した最初の例。	「FERMI アーキテクチャ」GeForce GTX 4xx,5xx	
2011年7月	「Mt.Gox」がビットコインの取引所サービスを開始。		Core i第2世代「Sandy Bridge」
2012年10月	「CoinBase」がビットコインの売買サービスを開始。		Core i第3世代「Ivy Bridge」
2013年12月	中国人民銀行が中国の金融機関によるビットコインの使用を禁止に。	「KEPLER アーキテクチャ」GeForce GTX 6xx	

2014年 1月	ビットコインを使った「マネー・ロンダリング」の容疑で、取引所の所長とビットコイン財団の副会長が逮捕。		
2013年 11月	「Ethereum」のホワイトペーパーがリリースされる。	「 Kepler or Maxwell」GeForce GTX	Core i第4世代「Haswell」
2014年 2月	「Mt.Gox」がビットコイン取引所サービスを停止。そして預け入れられていたビットコインが大量に盗み取られていたことが発覚。		
2014年 7月	「Ethereum」の運用開始。	「Maxwell アーキテクチャ」GeForce GTX 9xx	第5世代「Broadwell」
2015年 3月	英財務省、「ビットコイン」規制強化	Core i第6世代「Skylake」	2015年8月発表
2016年 2月	金融庁が資金決済法を改正するかたちで「仮想通貨」を定義し、交換所を登録制にする。	「Pascal アーキテクチャ」GeForce GTX 10xx	Core i第7世代「Kaby Lake」2016年8月発表
2017年	「マイニング・ブーム」到来。自作向け専用「マザーボード」や「リグフレーム」などが多く発売される。	P10x（マイニング専用GPU）	Core i第8世代「Coffee Lake」2017年10月
2018年 1月	「コインチェック」で「NEM」（ネム）の顧客資産がクラッキングにより取引所から外部に送金され、100％流出。以降、「マイニング・バブル」が崩壊。	「TURING アーキテクチャ」GeForce GTX 16xx、RTX20xx	Core i第10世代「Cannon Lake」2018年8月
2020年	「ビットコイン」をはじめとする「仮想通貨価格」が回復。	「Ampere アーキテクチャ」GeForce GTX 16xx、RTX20xxCMP xxxHX（マイニング専用GPU）2020年	Core i第11世代「comet Lake」2020年5月

表1-2 仮想通貨の狙いと課題

●「仮想通貨」の狙うところ

特定の国、会社に左右されず、たとえば、「国際送金」などの「決済コスト」や、「クレジットカード」の「手数料」などを抑えることができ、少額決済方法の新たな可能性を創造できる。
「売り手」「買い手」双方ともに、個人情報やカード番号など、外部に漏れたら問題になるような情報の入力が必要ない。
「分散化技術」により、「システム・ダウン」が起こりにくい。

●「仮想通貨」の課題

「価値下落」を防ぐ努力をするような「中央組織」は存在しない一方で、「使用者の意図に反して」価値をコントロールすることもできない。 　→　「投機的」で「変動幅」が大きい。(今の状態)
「ハッキング」などによる、「盗難」のリスクがある。
「犯罪」などの「マネー・ロンダリング」に使われる懸念がある。
「マイニング」のための「電力使用量増」により、「環境への影響」に関する懸念がある。
各国「政府の規制」や、他の投資と比べる税制面であまり有利ではない。 《例》「中国政府」の取引禁止の発表や、日本では他の投資と比べ税制面で不利なことなど…。

## 第2章

「仮想通貨」の「マイニング」

「仮想通貨」の話でたびたび出てくる「マイニング」(採掘)とは何か。どのような仕組みなのかを解説します。

2-1 「マイニング」の仕組み

　「ブロックチェーン」と呼ばれる「公開分散元帳」に記録されていく仕組みがあります。
　「ビットコイン」を初めとした「仮想通貨」は、「プルーフ・オブ・ワーク」と呼ばれる、「ユーザーがコンピュータの計算能力を提供」することで、「作業に対する報酬」(仮想通貨)を入手できる仕組みを採用しています。

＊

　その仕組みを採用した「仮想通貨のネットワーク」に参加し、収益を得ることを、一般的に「マイニング」(採掘)と呼びます。

表2-1　主な「ブロックチェーン」を追加する仕組み

Proof of Work「PoW」 プルーフ・オブ・ワーク	新たな「ブロックチェーン」(取引情報)を追加するため、「ブロックチェーン・ネットワーク」に参加しているマイナーが検証(ハッシュ値の計算)を行ない、その結果をブロックチェーンへ書き込む。
Proof of Stake「PoS」 プルーフ・オブ・ステーク	新たな「ブロックチェーン」(取引情報)を追加するため、「ブロックチェーン・ネットワーク」に参加して、かつ一定量/期間の間のコインを所有している保有者が検証を行ない、その結果を「ブロックチェーン」へ書き込む。 　→　マイニングというより、金利に近い。
Proof of Time & Space「PoTS」 プルーフ・オブ・タイム＆スペース	「プルーフ・オブ・ワーク」で問題になっている、消費電力を改善するため、検証を「ディスク・スペース」へ事前に計算しておいた結果を使うようにしたもの。 採用例はまだ少ない。

マイニングを行なう方法は、以下のように分類できます。

①ソロ・マイニング

　「ソロ・マイニング」とは、「個人」で「仮想通貨ネットワーク」に接続し、「仮想通貨のマイニング」をすることです。

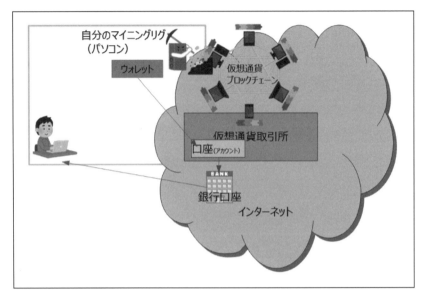

図2-1　「ソロ・マイニング」のイメージ

②プール・マイニング

　皆で協力をして採掘をするために準備された「マイニング・プール」というサーバに接続して、マイニングをすることです。

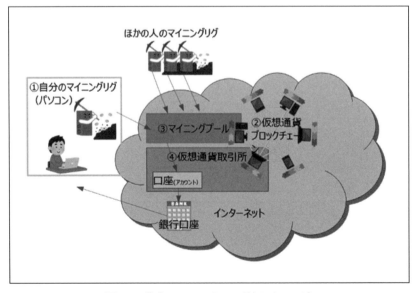

図2-2　「プール・マイニング」のイメージ

「仮想通貨のマイニング」では、高性能なコンピュータを所有するユーザーが有利で、より多くの採掘ができます。

「ソロ・マイニング」の場合、採掘できた利益はすべて自分のものですが、採掘できるまで利益を得ることはできません。

個人で用意できる「マイニング能力の限界」によって、利益を得る機会はどんどん少なくなり、利益を得られないこともあります。

それに対して、「プール・マイニング」の場合は、「利益」は「参加者にプールの手数料」を引いて分配されます。

「プール全体」としての「マイニング能力」が大きく、かつ、利益を得る機会が多くなります。

*

要するに、以下のようなことが「定石」になります。

---

①参加者が少ない（新しい）仮想通貨は、ネットワーク全体のマイニング能力が低いため、「ソロ・マイニング」でもいける。

②参加者が増えた（普及してきた）仮想通貨は、ネットワーク全体のマイニング能力が高くなるため、「プール・マイニング」で確実に利益を得る。

2-2 「マイニング」の手順

①どの「仮想通貨」をマイニングするか決める

「仮想通貨」は、雨後の筍のごとく種類が増えていますが、マイニングで報酬がもらえるものを選びます。

②選択した「仮想通貨」のマイニング方法を決める

「ソロ・マイニング」か「プール・マイニング」か、を決めます。

「プール・マイニング」をする場合は、なるべくたくさんの人が参加しているところを選びましょう。

「Ethereum」であれば、「Ethermine」や「f2pool」などが大手です。

③仮想通貨取引所の口座を開設する

マイニングの報酬は、「仮想通貨での受け取り」になります。

事前に、「受け取るための口座」の準備や、「仮想通貨を現金に換金」するための「**仮想通貨取引所の口座**」の開設が必要になります。

国内の取引所は、取り扱う仮想通貨の種類が少なく、マイニングできる仮想通貨の種類が限られます。

仮想通貨によっては、海外の取引所に口座を作る必要があります。

表2-2 国内取引所、海外取引所の使い方

国内取引所	現金化するために必ず必要。 <例>コインチェック、ビットフライヤーなど
海外取引所	マイニングした仮想通貨を一時的に預け入れ、国内取引所で取り扱っている仮想通貨に両替して送付するために使う。 両替や送付する際に手数料がかかる。仮想通貨の取り扱いが多く、手数料の少ないところを選ぶのがよい。 <例>BINANCE 、BITFINEX 、Hotbit など

④「マイニングする機器」を準備する

マイニングには、仮想通貨の要求に合った性能をもつ、一般的には高性能な「グラフィックボード」を搭載したPCが必要です。

*

ソフトを、「マイニング・プール」からダウンロードします。

ダウンロードしたソフトに、「報酬を受け取るための自分の取引口座(送付先アドレス)などを設定」したあと、実行することで、「マイニングを開始」します。

⑤報酬を受け取る

後は、ひたすらそのソフト(PC)を動かし続けることで、「マイニング・プール」から動かした分の報酬が、「自分の口座」(アドレス)に「仮想通貨」が自動送付されます。

ただし、「マイニング・プール」ごとに"払い出しルール"があり、決められた額以上の報酬を貯める必要があるなど、諸条件を満たさないと報酬がもらえないルールもあります。

*

例として、先に紹介したマイニング・プール「Ethermine」の場合、最低「0.01ETH」プールされていることが、払い出しの条件になります。

*

最終的に、**受け取った仮想通貨を取引所で売却**します。

取引所の口座から、自分の銀行口座へ出金指示をして、初めて**現金**として使えるようになります。

## 第3章

マイニング可能な主な仮想通貨

> 「PCを使ったマイニング」で、「利益」を得ることができそうな「仮想通貨」をあげてみます。
>
> ＊
>
> おなじみの「ビットコイン」は、規模が大きくなりすぎていたり、専用のハードウェア（後述）を使わないと利益を得ることができないため、下記からは割愛しています。

3-1 オルトコイン

　「オルトコイン」とは、「Alternative Coin」を略した造語で、「ビットコイン」以外の暗号通貨のことで、「Ethereum」（イーサリアム）や「Ethereum classic」（イーサリアムクラシック）、「Monacoin」（モナコイン）、「Ripple」（リップル）、「Bitcoin cash」（ビットコイン・キャッシュ）など、全世界で約1,500以上の種類があり*1、年々発行数が増えています。

Name	イーサリアム（Ethereum）
URL	https://ethereum.org/
Background	2013年にウォータールー大学の学生であったヴィタリック・ブテリンにより示され、プラットフォームの開発は、2014年2月に「PoC初版」がリリース。 以降、順次開発が進められ、「POC-9」である「Olympic」を経て、2015年7月30日に最初のβ版である「Frontier」がリリース。 今後、「Frontier」でのネットワークの安定性の確認やユーザビリティの向上を含めた改良がなされ、今に至る。
Future	・オルトコインの代表格で、ビットコインに次ぐ知名度と取引量がある。 ・「グラフィックボード」を使ったマイニングの代表選手でもある。 　しかしながら、次期「バージョン2」では、「マイニングを必要としない仕様変更」が予定されており、マイニング対象としては注意が必要。
Price (2021/9/5現在)	417 USD
国内取引所での扱い	○
Algorithm	Ethash
Mining pools	Ethermine.org f2pool.com etc…

Mining tools	PhoenixMiner bminer etc….

Name	イーサリアムクラシック (Ethereum Classic)
URL	https://ethereumclassic.org/
Background	2016年7月、「The DAO事件」の対応方法から生じた、思想の違いから、非中央集権を追及するため、「Ethereum」から分裂して誕生。
Future	2020年8月初旬より51％攻撃が原因とみられる大規模な再編成（リオーグ）が継続的に発生、Coincheck をはじめ国内外の暗号資産取引所がETCの送金・受取を停止中。
Price (2021/9/5現在)	68.5 USD
国内取引所での扱い	○
Algorithm	Ethash(EtcHash??)
Mining pools	ethermine.org …Ethereum と大体同じ
Mining tools	PhoenixMiner …Ethereum と大体同じ

3-2　草コイン

　「オルトコイン」の中で発行されて間もないものを、ネット界隈では俗称で、「草コイン」と呼んでいます。

　おおむね目安としては、「1コイン＞1＄」の価値のものや、国内取引所で扱いがないものです。

　「Ethereum」などの有名なコインをマイニングするよりも多くのコインを得られますが、そのぶん価値が低いため、夢を掘って終わる可能性もあります。

Name	ビーム (BEAM)
URL	https://beam.mw/
Background	2019年1月に公開された、「匿名性に優れた仮想通貨」（匿名通貨）。 ビットコインと比べると「スケーラブル」であり、アドレスを使わずに「安全・確実・迅速」に取引できる。 2019年2月には「リクルート」が出資したことで話題に。
Future	・すでに匿名通貨は「DASH」をはじめとする仮想通貨が市場の大半を締めていること。 ・「XMR」や「ZEC」のように、匿名通貨自体が国家の安全を脅かすものとして規制対象になる可能性が高い。 上記より、現時点では、あまり将来性はないか？
Price (2021/9/5現在)	0.74 USD
Algorithm	Beam Hash III

Mining pools	leafpool.com
sparkpool.com	
Mining tools	gminer
bminer etc…	

Name	エターニティ（aeternity）
URL	https://aeternity.com/
Background	2016年12月公開。 「Ethereum」をベースとして、基本的なコンセプトは継承しつつ、新たな機能を付け加えたり、従来の課題を解決したりすることで、より高機能な仕組みを実現。 「Ethereum」と比べると、軽量かつ高速、スケーラビリティがある。
Future	相場は低空飛行。変化に乏しい。 マイニング参加者少ない…
Price (2021/9/5現在)	0.14 USD
Algorithm	Cuckoo Cycle
Mining pools	2miners.com etc….
Mining tools	gminer bminer etc….

Name	レイブンコイン（Ravencoin）
URL	https://ravencoin.org/
Background	2018年1月に公開。 ビットコインからハードフォークを行なう形で誕生。 今ならGPUマイニングでも、参加できる。
Future	相場は最近変動有、採算とれるラインになったこともある。
Price (2021/9/5現在)	0.147 USD
Algorithm	KawPoW
Mining pools	ravenminer.com
Mining tools	Kawpowminer z-emeny T-Rex etc….

Name	コンフラックス（Conflux）
URL	https://confluxnetwork.org/
Background	2018年 Conflux Foundation 設立。 中国で唯一の国営のパブリックチェーン・プロジェクト。
Future	「中華パワー」で大化けするか？
Price (2021/9/5現在)	0.32 USD
Algorithm	Octopus
Mining pools	poolflare.com f2pool.com
Mining tools	T-Rex Nanominer etc….

Name	チア（Chia）
URL	https://www.chia.net/jp/
Background	2021年3月ごろに、「バージョン1」がリリースされた。 技術的には、「ビットコイン」や「Ethereum」で使われている「PoS」(プルーフオブワーク)ではなく、「PoTS」(プルーフオブ「タイムアンドスペース」)なる、新しい考えに基づいて運用される。 「グラフィックボード」の能力ではなく、HDD合計容量がマイニング能力につながる。 「グラフィックボード」を使う「マイニング」に比べ、はるかに省電力で運用できる。
Future	2021年4月ぐらいから中国あたりで飛びついた人々が現われ、HDDの爆買いが日本にも飛び火したニュースも話題に。 一時相場が1000ドルぐらいまで高騰後、落ち込んだが、マイニングの採算がとれそうな程度で維持。
Price (2021/9/5現在)	244 USD
Algorithm	PoTS
Mining pools	poolflare.com f2pool.com

3-3　マイニングできるハードウェア

　理屈上、効率を度外視すれば、どんなPCでもマイニングは可能です。
　海外では、「初代ゲームボーイ」でビットコインを採掘する猛者のニュースもありました。

　本書は、PCだけでなく、「ASIC」についても解説します。

*

　ビットコインも当初は、「PC」を使ったマイニングが一般的でした、しかし、価格が上がるにつれて、専用の機械（ASIC）を開発して、大規模に稼働し利益を得ることが主流になり、パソコンでは太刀打ちできない状態です。

＊

　2017年当時、マイニングが流行になった際に、「ビットコイン」以外の「オルトコイン」についても専用のASICが開発され、PCでは採算が取れなくなったコインも多くあります。

＊

しかし、「Ethereum」は専用機化に対して、否定的なスタンスで臨んでいたため、今でもPCで採算が取れますが、専用のASICも開発されています。
（次期バージョンの「Ethereum」は、仕様の大幅変更が計画されていて、その中でマイニング（Proof of Work）を止める方向で進んでいるので、あれですが…）

表3-1 「PC」と「ASIC」の比較

PC （パソコン）	仮想通貨の要求に合った性能をもつもの。 一般的には高性能な「グラフィックボード」を多数搭載。
ASIC （エーシック）	一般用語としては特定用途向け集積回路のこと。 マイニングの場合は「ビットコイン」などのマイニング専用に開発された機械。PCマイニングと比較して数倍の性能を発揮するが、電力消費量や、発生する熱量も半端ない。

3-4　マイニングの注意点

　「仮想通貨マイニング」は、必ず儲かるというものではなく、さまざまなリスクもあります。ここでは、マイニングを行なうときの注意点を紹介します。

■ 仮想通貨の資産価値

　「暗号資産」の価値は、取引の需給バランスとともに、さまざまな外部環境の変化により日々刻々と変動しています。
　そのため、予期せぬ特殊な事象などにより、「暗号資産」の価格が急激に変動し、大きく下落する可能性があります。

＊

　前回2017年のブームから、2019年のいちばん冷え込んだときでは、価値が1/4まで落ち込みました。

　また、「法定通貨」との交換が完全に停止する措置がとられたら、「暗号資産」の価値が「ゼロ」になる可能性もあります。

＊

　たとえば、前回2017年のブームの際、「ZCash」や「Monero」などの匿名性の高い仮想通貨は、政府の方針として国内での取引がすべて停止されたことがあります。

■ コスト

機器代を、ロマンと割り切れますか？
電気代が凄くかかります。

■ ITセキュリティ

過去に、仮想通貨取引所がハッキングされ、仮想通貨が盗まれる事件が発生し、預けていた仮想通貨がなくなっています。

ハッカーが、自身の利益のために、他人のPCに「マイニングソフト」を入れる事件が多く発生しました。そのため、PCに「マイニングソフト」を導入するだけで「ウイルス」として検知されることが多々あります。
その場合は、セキュリティ設定をゆるめて対応するしかありません。
そういうこともあり、「マイニングソフト」を運用するパソコンには、重要なデータを入れておかないほうがいいでしょう。

■ 安全

「マイニング・マシン」を動作させると、消費電力量が半端なく多いことは何度か書いていますが、真面目に注意しないと、火事の可能性もあるレベルです。

## 第4章

「マイニングPC」を自作する準備

本章では、「グラフィックボード」を使った「仮想通貨マイニング」の準備をします。

「マイニング」は、「Ethereum」などの「PoW」(プルーフ・オブ・ワーク)を採用しています。

4-1　マイニングの準備

「マイニング」は、以下のような流れで説明していきます。

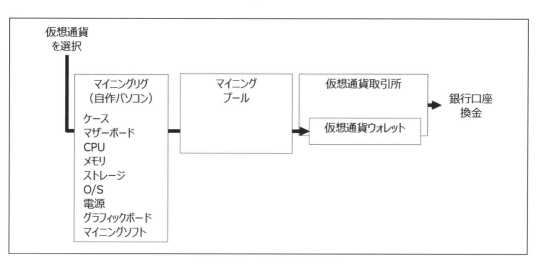

図4-1　「マイニング」の概要

■「仮想通貨」の選択

「グラフィックボード」を使ったマイニングは、マイニングできる主な仮想通貨の項で説明した、「Ethereum」「Conflex」「Ravn」「AE」などのマイニングに対応します。

本書では、現時点でいちばん利益が見込めそうな、「Ethereum」のマイニングを前提に説明していきます。

また、「ハードディスク」を使ったマイニング「CHIA」については、この後の章で説明します。

■「ケース」の選択

「グラフィックボード」を使ったマイニングは、複数枚の「グラフィックボード」を1枚の「マザーボード」に接続し、それらの計算能力をフル回転させてマイニングします。

そのため、通常の「自作PC」のケースを使うのではなく、「マイニング専用」の「オープン・フレーム」のが一般的です。

図4-2　「マイニング・リグ」の例（筆者環境）

「マイニング専用」の「オープン・フレーム」は、「マザーボード」に「グラフィックボード」を直接挿すのではなく、「PCI Express x16→x1」変換する「ライザーカード」を使うのが前提で、設計されています。

それにより、「グラフィックボード」を複数枚同時に配置でき、「設置効率」が良く、かつ、「排熱を容易にする」効果があります。

図4-3　「ライザーカード」の例

　マイニング専用の「オープン・フレーム」や、「ライザーカード」は、Amazonなどのネット通販で購入できます。

　ただし、ほぼ中国製で、通販の際に中国からの配送になることが多く、納期がかかるケースが多いです。

■「マザーボード」の選択

　1枚のマザーボードに、「グラフィックボード」を複数枚同時に接続することが望ましいため、なるべく「PCI Express」のスロット（x1以上）がたくさんあるものを選定しましょう。

　2017年ごろの「マイニング・ブーム」の際に、各「マザーボード・メーカー」より、6〜12個の「PCI Express」のスロットをもつ、「マイニング専用マザーボード」が多く発売されました。

　しかし、それらはすでに廃番となっていて、最近ではそういった新製品は販売もありません。

　（a）それらを中古で探すか、もしくは、（b）新製品で5〜6個の「PCI Express」のスロットをもつ製品を使うか──の、いずれかになります。

図4-4　マイニング専用マザーの例（1）
BIOSTAR TB250-BTC PRO

図4-5　マイニング専用マザーの例（2）
ASROCK H81 Pro BTC

　また、マイニング専用パーツで、1つの「PCI Express x1」スロットから、複数の「ライザーカード」を接続できる製品もあります。

　機器間の相性や、マザーボードのチップセットの仕様による接続制限の考慮も必要ですが、うまく使えば、1台のマザーボードでより多くの「グラフィックボード」の接続が可能になります。

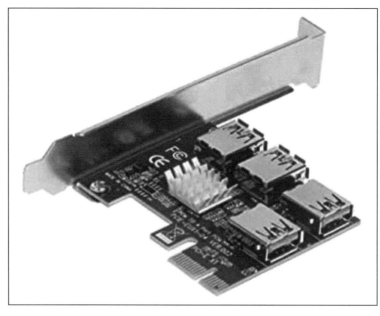

図4-6　PCI Express ライザーカード拡張カードの例

■「OS」の選択

マイニングするためのOSには、以下のようなものがあります。

表4-1 マイニングするOSの比較

OS	解像度
Windows	一般的な選択肢。OSのイニシャルコストが必要。WindowsUpdateなどの自動アップデートを考慮する必要がある。
Linux	Ubuntuなどのディストリビューションが主流。OSのイニシャルコストがかからない。「自動アップデートを気にしなくていい」とかメリットはあるが、それなりの知識は必要。
専用OS	Linuxをベースに開発、販売されている。HiveOS、EthOSなどがある。

■「CPU」の選択

「グラフィックボード」を使ったマイニングでの「CPU」の役割は、「OS」と「マイニング・ソフト」の実行のみで、「CPU」で複雑な処理をさせることは、ほとんどありません。

OS動作に必要最低限の能力のもので充分です。

できれば、省電力なものを選定して、システム全体の消費電力を抑えることが望ましいです。

図4-7 CPU例 CELERON G1840T
末尾T型番は、省電力タイプ。「グラフィックボード」以外の電力はなるべく発生させないようにしたい。

■「メモリ」の選択

「グラフィックボード」を使ったマイニングをする場合、「メモリ」も「CPU」と同様、大きな役割はありません。

OSの動作に支障がない、Windowsであれば8GB〜、UbuntuなどのLinuxであれば4GB〜程度あれば、充分です。

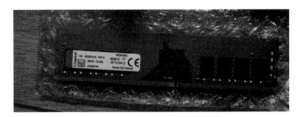

図4-8　メモリの例。特にこだわる必要はない。

■「ストレージ」の選択

　記憶装置である「ストレージ」も、「メモリ」や「CPU」と同様、大きな役割はありません。

　しかし、Windowsの場合は、「マイニング・ソフト」の動作に、「メモリ・スワップ領域」の確保が「GPUのメモリ分」程度必要となるため、SSDなら240GBぐらいあるといいでしょう。

　「Ubuntu」などのLinuxベースのOSは、特に意識する必要ないため、HDDが120GBあれば充分です。

図4-9　SSDの例　特にこだわる必要はない。

図4-10　HDDでも運用できなくない。

　「マイニング専用OS」として販売されているものは、「USBメモリ」からブートして運用するもがあります。

　「Ubuntu」などのLinuxベースのOSであれば、「USBメモリ」にOSをインストールして

の運用できなくはないです。

筆者も一時は行なっていましたが、インストールのノウハウが充分ではないのか、長期運用していると、再起動後ログインできなくなる不具合が直らず、諦めました…。

図4-11 USBメモリの例 OSをインストールして運用するならば、「読込」「書込」速度が高速なものがよい。

■「電源」の選択

複数の「グラフィックボード」を使ったマイニングをする場合には、大きな電力が必要です。

たとえば、「GTX1060」を使う場合、1枚当たり定格で160W程度の電力が必要です。
さらに、それを複数枚同時に動作させるためには、それ相応の能力をもった、大容量の電源を準備する必要があります。

実際の運用は、チューニングにより「グラフィックボード」の消費電力を抑え、運用するのが一般的です。

また、大容量だけではなく連続動作させるため、高効率な製品を選定することにより、電気代を抑え、利益を確保しやすくなります。

表4-1 Plus規格の電力効率表

	総容量に対する消費電力の割合(115V)			
電源負荷率	10%	20%	50%	100%
80 Plus スタンダード		80%	80%	80%
80 Plus ブロンズ		82%	85%	82%
80 Plus シルバー		85%	88%	85%
80 Plus ゴールド		87%	90%	87%
80 Plus プラチナ		90%	92%	89%
80 Plus チタン	90%	92%	94%	90%

図4-12 著者使用製品例 AG-750M-JP・ApexGaming
80 Plus ゴールド 750W 約9000円

図4-13 筆者使用製品例 SilverStone ST1200-PTS
80 Plus プラチナ認証で1200W 約38000円

　複数の「グラフィックボード」を使ったマイニングをする場合、複数の電源を使って、「マイニング・リグ」を構築することもできます。

図4-14 「マイニング・フレーム」にATX電源を2台置いて運用している例。左右のスペースに電源を配置。

場合、下記のような、「ATX用電源連動ケーブル」を使うと、2台の「ATX電源」のOn/Offを連動させることができます。

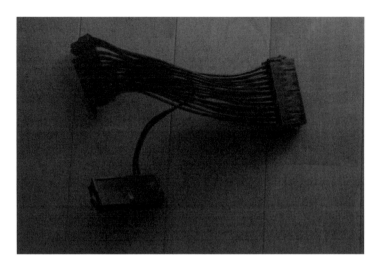

図4-15 筆者使用例 AINEX WAX-2415S

■「グラフィックボード」の選択

「グラフィックボード」を使ったマイニングをする場合、いちばんキーになるパーツです。

モデルによってマイニング性能が大きく異なるため、何を使ってマイニングするかで、利益が変わってきます。

【必要最低要件】

マイニングをするために必要な性能要件は、以下のとおりです。

NVIDIA Pascal 以降6GB以上
AMD Polaris 以降 8GB以上

ただし、必要な「グラフィックボード」のメモリ搭載量は、マイニングする仮想通貨の仕様や、運用期間により異なります。

たとえば、「Ethereum」のマイニングですが、2017年ごろは4GBのグラフィック・メモリのものでもマイニングができました。
しかし、現在マイニングするためには、4GB以上のグラフィック・メモリが必要な仕様に変わり、今に至っています。

【グラフィックボード選定のポイント】

「グラフィックボード選定のポイント」は、以下のとおりです。

①少ない消費電力で、多くのハッシュレート※を得られるもの

以下のサイトでは、「グラフィックボード」<――>仮想通貨」ごとのマイニング性能の比較ができ、参考になります。

minerstats https://minerstat.com/hardware

②冷却性能の高い「グラフィックボード」を選定

マイニングは、高負荷、連続稼働が前提です。

ツインファン以上の、冷却能力が高い「グラフィックボード」を選ぶことが必要と考えています。

筆者の環境で、リファレンス(シロッコファン)の「グラフィックボード」を使っていましたが、マイニング中の動作温度が70℃前後、さらに室温が30℃を超えてくると、動作温度が80℃を超えることもあります。

ケースに入れて運用する設計で、「マイニングリグ・フレーム」の運用には向いていないと思います。

図4-16　ツインファンモデルの例
MSI RTX3060Ti

図4-17　リファレンス(シロッコファン)モデルの例GTX1070

4-2 マイニングできる主な「グラフィックボード」

　参考までに、筆者が使っている「グラフィックボード」を例に、「NVIDIA」「AMD」各製品の
マイニングにおける特徴を紹介します。

■ 前提条件

・「Ethereum」ハッシュレートは、2021年9月ごろの数値です。
　仮想通貨の運用状況に伴い、日々変化（主に下がる傾向）します。
・室温はクーラーをかけた状態、28℃に維持した状態です。
・ハッシュレートや、消費電力は、「グラフィックボード」のチューニングを実施ずみの数値
です。
　何もしない状態だとハッシュレートが下がり、消費電力が上がります。
　チューニングのやり方は、後のページで説明します。
・同じ製品であっても、個体によって性能にバラつきがあります。

■ 主なNVIDIA製品

＜NVIDIA Pascal世代＞

　2017～18年当時のマイニング・ブームの中心。いまでもそれなりの性能ですが、通用しま
す。当時はマイニング専用の製品も発売されていました。

【NVIDIA GTX1060 6GB】

　「Ethereum」のマイニングに、必要最低限必要な性能をもつ。

製品名：ZOTAC GeForce GTX 1060 6GB Single Fan

「Ethereum」ハッシュレート	マイニング中の動作温度（室温）	消費電力
約20MH/s	約58℃	70W

※考察：シングルファンであるが、冷却能力については良好。

図4-18 GTX1060の例（ZOTAC Single Fan）

図4-19 動作中

製品名：Palit GeForce GTX 1060 GamingPro OC+

「Ethereum」ハッシュレート	マイニング中の動作温度(室温)	消費電力
約17-18MH/s	約56℃	78W

※考察：既存のGeForce GTX 1060は8GHz駆動のGDDR5メモリを搭載するが、本製品はより高速なGDDR5Xを搭載し、8.8GHz駆動とすることで高速化を図ったものです。
　しかし、「Ethereum」のマイニングにおいて、この製品は、あまりハッシュレートが上がりません。(GDDR5xのメモリを積んだ「グラフィックボード」はそういった傾向がある。)しかし他の仮想通貨であれば、問題のないケースもあります。

図4-20 動作中

【NVIDIA GTX1070】

製品名：GALAX PGTX1070/8GD5 V2

「Ethereum」ハッシュレート	マイニング中の動作温度	消費電力
約23MH/s	約73℃	92W

※考察：冷却が追いつかず、ハッシュレートが上がりません。「ブロワーファン・モデル」はマイニングには、あまり向いていないかもしれません。

図4-21　GTX1070の例（GALAX）

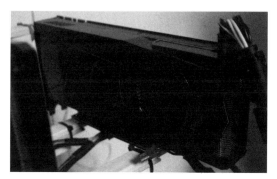

図4-22　動作中

製品名：Palit GeForce GTX1070 8GB Super JetStream

「Ethereum」ハッシュレート	マイニング中の動作温度	消費電力
約25MH/s	約60℃	95W

※考察：冷却性能は良好、GTX1070として標準的なマイニング能力を発揮できます。

図4-23 GTX1070の例（PALIT）

図4-24 動作中

【NVIDIA GTX1080】

製品名：DELL NVIDIA GTX1080 ※DELL製パソコンのオプション・パーツ

「Ethereum」ハッシュレート	マイニング中の動作温度	消費電力
約32MH/s	約74℃	125W

※考察：「ブロワーファン・モデル」のため、動作温度は高めマイニングには、あまり向いていないと思われます。

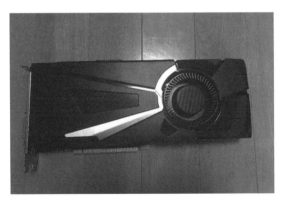

図4-25 GTX1080の例
ヤフオクでバラ売りされていたものを購入。

　この世代のGTX1080以上の製品（具体的に言えば、1080TI、Pascalベース Titan）はメモリに、「GDDR5X」を採用しています。

　しかしながら、「GDDR5X」メモリは、「Ethereum」のハッシュレートに支障があるらしく、何もしない状態では、ハッシュレートが上がりません（本製品だと25MH/sに止まる）。

　それらを解消するためのソフトウェアが存在するので、そのソフトウェアを併用したり、マイニングソフトの対応チューニング・パラメータを設定することによって、本来の能力を発揮できます。

図4-26
GTX1080系の「グラフィックボード」の「Ethereum」マイニングのハッシュレートを改善するソフト「OhGodAnETHlargementPill」の実行画面。このソフトを実行しながら「マイニング・ソフト」を動作させると、ハッシュレートが改善する。

＜NVIDIA Turing世代＞

　「RTX」始まりの世代、RTXモデルでのマイニングは性能と、価格・消費電力のバランスがあまりよくない。

【NVIDIA GTX1660Super】

　1660系列では「1660Super」がいちばんマイニング向きです。
　Turing世代でのマイニングにおいて、本系列が性能と、価格・消費電力のバランスがいちばんいいと思われます。

製品名：MSI GeForce GTX 1660 SUPER AERO ITX OC

「Ethereum」ハッシュレート	マイニング中の動作温度	消費電力
約30MH/s	約52℃	70W

※考察：冷却性能は良好。「GTX1660Super」として標準的なマイニング能力を発揮できます。

図4-27　動作例

図4-28　GTX1660Superの例（MSI）

＜NVIDIA Ampere世代＞

2021年現在での「グラフィックボード・マイニング」における中心製品。

RTX3060TI、3080がマイニングは「性能」と「価格」と「消費電力」のバランスに優れています。

しかし、その性能がゆえ、マイニング目的の買占めのターゲットとなり、「グラフィックボード」全体の品薄の原因になりました。

結果、Nvidiaとして、RTX系列は、3060以降、ゲーミング用途の製品では、ハードウェア的にマイニング制限を行なうように仕様変更するとともに、マイニング専用製品も順次発売される予定です（しかし、日本には導入されないと思います…）。

2021年5月以降は、もともと販売されていた**RTX3060Ti、3070、80、90**すべての製品においてマイニング制限を行なうように仕様が変更（型番に**LHR**の表記あり）され、マイニング制限が突破されていた**RTX3060**も対策済の仕様に変更（型番での識別なし）、今後の新製品においては、マイニング制限がかかると考えたほうがいいでしょう。

【NVIDIA GTX3060 12GB】

マイニング制限が実施された最初のシリーズ。

しかし、マイニング制限を解除する手段が発見されインターネット上に広がるやいなや、

結局買占め対象となり品薄へ…。

製品名：MSI GeForce RTX 3060 VENTUS 2X

「Ethereum」ハッシュレート	マイニング中の動作温度	消費電力
約21MH/s ※約47MH/s（解除後）	約62℃	115W

※考察：冷却性能は良好、

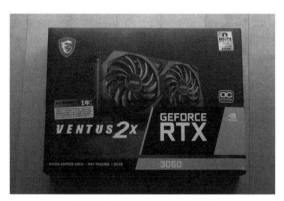

図4-29　RTX3060の例（MSI）

図4-30　動作中

＜参考＞「RTX3060」の制限解除方法について

　RTX3060発売直後の製品であれば、下記を満たしていれば、マイニング制限を解除できます。

　しかしながら、該当ドライバなどの公開が停止されていたり、新製品は対策ずみであるため、解除できる条件のハードルは高いです（行なう場合は自己責任で…）。

　また、すべての仮想通貨に対してマイニング制限がかけられているわけではなく、メジャーではない「草コイン」は、制限されないこともあります。

①Nvidiaが、開発者用として配布していたドライバ（470.10β）を使います。現在は公開中止

されています。

②PCI-Express ×8以上のI/Fで接続する。マザーボード直差しするか、下記の写真のような、ライザーケーブルを使う必要がある。

図4-31　「x16ライザーケーブル」の例

③「PCI-Express Gen 3」以上で接続。マザーボードの仕様に注意。

④ディスプレイを接続する。ダミープラグなるものでも代用可能。

図4-32　ダミープラグの例（HDMI）

【NVIDIA RTX3060Ti】

　本系列では、性能と価格、消費電力のバランスがいちばん良かったが、新製品は、マイニング制限がされています。

製品名：MSI GeForce RTX 3060 Ti VENTUS 2X OC

「Ethereum」ハッシュレート	マイニング中の動作温度	消費電力
約58MH/s	約61℃	115W

※考察：冷却性能は良好。「RTX 3060 Ti」として標準的なマイニング能力を発揮できます。

図4-33 「RTX3060Ti」の例（MSI）

図4-34 動作中

■ 主なAMD製品

主なAMD製品を、世代別に解説します。

＊

筆者はNVIDIA製品を中心にマイニングしていたため、現物の情報が少なく、ネット界隈の情報をまとめたものになります。

最近の「マイニング・ブーム」では、NVIDIA製品が中心で、AMD製品はあまり注目されてこなかったのですが、今のところAMDはマイニング制限をかける予定はないことや、製品によっては優れたマイニング性能をもつものがあるので、検討に値するのではないかと考えます。

＜AMD RX500シリーズPolaris 世代＞

2017～18年当時の「マイニング・ブーム」の中心でした。

今でも通用しますが、「Ethereum」をマイニングするためには、8GB以上のものが必要です。

「NVIDIA」に比べ電力消費が多い、かつ、マイニング効率を向上させるには、「カスタムVBIOS」を導入する改造をする必要もあるため、ややハードルが高くなります。

当時は、マイニング専用の製品も多く発売されていました。

モデル名「Ethereum」	ハッシュレート	消費電力
RX470、480	約25MH/s	約70W
RX570、580	約32MH/s	約84W

※ネット界隈かつチューニング後の情報。

＜AMD RX5000シリーズNavi 世代＞

前世代に比べ、性能、電力効率が改善されてきた。

モデル名「Ethereum」	ハッシュレート	消費電力
RX 5600 XT	約37MH/s	125W
RX 5700	約50MH/s	117W

【AMD RX5700XT】

本系列では、「性能」と「価格」、「消費電力」のバランスがいちばん良いです。

製品名：POWERCOLOR Liquid Devil RX5700XT「Ethereum」

ハッシュレート	マイニング中の動作温度	消費電力
約50MH/s	約43℃※	約100W

※一般的な「空冷」ではなく、本格水冷専用。水冷化については、後のページで紹介します。

＜AMD RX6000シリーズNavi 世代＞

前世代に比べ、さらに性能、電力効率が改善されたものもあります。

特に「RX 6600 XT」がマイニング界隈では、いちばん性能や電力効率に優れていると注目され、品薄になっています。

モデル名「Ethereum」	ハッシュレート	消費電力
RX 6600 XT	約28MH/s	55W
RX 6700 XT	約47MH/s	121W
RX 6800 XT	約63MH/s	135W

※ネット界隈、かつチューニング後の情報。

4-3 「マイニング・プール」の選択

マイニングをする仮想通貨ごとに、さまざまな「マイニング・プール」が公開されています。
ここでは、「マイニング・プール」選択のポイントを紹介します。

①なるべく多くの人が参加しているマイニング・プールを選択する

マイニングは、多くの計算能力をもつことが利益につながります。それは、「プール・マイニング」でも同じことが言えます。

多くの人が参加していることにより、1採掘当たりの利益は小さくなりますが、利益を得る機会が増えるため、安定した利益を見込むことができます。

図4-35 「Ethereum」のメインネットの情報より、マイニング・プールのシェアを調べることができる。

②「マイニング・プール」の手数料

「マイニング・プール」の運営は、参加者がマイニングした計算結果の一部を「マイニング・プール」が得ることや、マイニングした結果を払い出すときの手数料を取ることで運営しています。

ですが、なるべく手数料が掛からないところを選定しましょう。

③匿名マイニングができるかどうか

「マイニング・プール」の参加形態として、(A)マイニングした結果の「送信先アドレス」のみを「マイニング・プール」へ提供するケース(匿名)と、(B)あらかじめ「マイニング・プール」へユーザー登録してから、マイニングを行なうケース(非匿名)——の2通りがあります。

ユーザー登録の際に、自身のメールアドレスや、サイトによってはセキュリティ確保の手

段として、SMS認証で、自身のスマートフォンの電話番号と提供する必要がある場合もあります。

　匿名ですむのであれば、それに越したことはないです。

④最低払い出し額
　「マイニング・プール」に参加してマイニングした結果は、一定数に達すると、自動または手動で自身の仮想通貨アドレスに送信できるルールです。
　しかし、最低払い出し量の制限がなるべく少ないところを選んだほうが良いです。

　筆者の経験ですが、2018年当時「Ethereum」をコインチェックのアカウントを使ってマイニングしていたのですが、例の事件でコインチェックのアカウントが使用不可に。

　2～3日分の「プール・マイニング」した結果が、払い出せなくなり無駄になったことがありました。

<参考>主な「Ethereum」のマイニング・プール

サイト名	匿名マイニング	手数料	最低払い出し単位
ethermine https://ethermine.org/	YES	1%（払出費用自己負担）	0.01ETH
f2pool https://www.f2pool.com/	NO	2%（払出費用自己負担）	0.1ETH

4-4 仮想通貨をマイニングするソフトウェア

仮想通貨ごとに、多くのソフトが公開されています。

マイニング・プールのチュートリアルに設定方法も記載されているので、その中から選択します。

■ ソフトウェアの選択ポイント

選択ポイントとしては、以下を考慮するのがよいと思います。

①手数料

マイニング実行時間の一部が、開発者の収益となります。なるべく少ないほうがいいです。

②安全性

以前、他者のパソコンにマイニング・ソフトを無断でインストールして実行させ、ハッカーの利益にさせる事件がありました。

それらの影響により、ウイルス対策ソフトでウイルス判定されることがあります。

ダウンロードしてみて、そう判定されないものを利用しましょう（ウイルス対策ソフトの設定で対象除外する方法もありますが、自己責任で…）。

■ 主な「マイニング・ソフト」

最近のマイニング・ソフトは、複数の仮想通貨に対応したものが多いです。

それらの中で、先の観点＋自身の好みで選択すればよいと思います。

ソフトウェア名称	対応する主な仮想通貨（手数料）	対応する「グラフィックボード」
Phoenix Miner	Ethereum(0.65%) etc…	NVIDIA / AMD
URL https://bitcointalk.org/index.php?topic=2647654.0		

Bminer	Ethereum(0.65%) BEAM(2%) AE(0.65%) RVN(2%) etc...	NVIDIA / AMD
URL https://www.bminer.me/		

T-Rex miner	Ethereum(1%) rvn(1%) Conflex(2%) etc...	NVIDIA
URL https://bitcointalk.org/index.php?topic=4432704		

4-5   仮想通貨取引所、ウォレット

■「プール・マイニング」の結果を受け取る

プール・マイニングした結果を受け取る経路を、**図4-36**にまとめました。

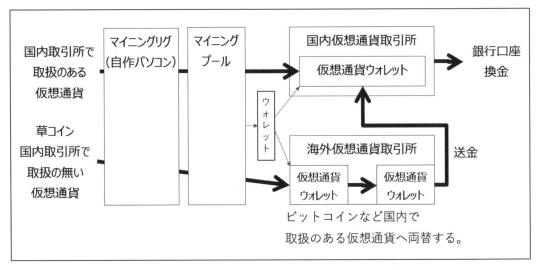

図4-36　プール・マイニングした結果を受け取る経路

国内取引所で扱いのある仮想通貨をマイニングした場合は、国内取引所内の仮想通貨アドレスにマイニングした結果を送るのが、手数料も少なくなり、いちばん手軽です。

受け取った仮想通貨は、取引所内で売却できます。

「草コイン」など、国内取引所で扱いのない仮想通貨のマイニングを行なう場合は、マイニングしたい仮想通貨を取り扱っている海外の仮想通貨取引所のアカウントを取得し、その仮想通貨のアドレスを取得したのち、マイニングする必要があります。

*

マイニングした結果を換金する場合は、取得した海外取引所内で、国内取引所で扱いのある仮想通貨に両替後、国内の仮想通貨取引所へ送信したのち、国内取引所で売却する流れになります。

*

またすぐに換金する必要がない、または長期保管を考える場合、「ウォレット」と呼ばれるサービスやハードウェアを使って保管することもできます。

その場合においても、換金する場合は、上記いずれかの経路を経ることが必要、かつ、経由するところが増えるにつれ、それぞれに手数料が必要になることがあります。

■ 主な国内取引所

比較的マイニング向けの取引所をピックアップしました。

取引所名	取扱通貨数(マイニング可)	特　徴
コインチェック	16種類(ETH,ETC,MONA)	国内取引所の中では取扱いコインが多い。
bitFlyer	13種類(ETH,ETC,MONA)	筆者のメイン利用取引所。

■ 主な海外取引所

マイニングした仮想通貨を受け取り、他の仮想通貨に両替する。

注)海外取引所の利用は、法的リスクや取引所運営におけるセキュリティリスクなど包含しています。ご利用については自己責任で…。

取引所名	取扱通貨数(マイニング可)	特　徴
Binance https://www.binance.com/	260種類以上	海外取引所の定番
Hotbit https://www.hotbit.io/	500種類以上	取扱いコイン数が多い。2021年サイバー攻撃を受け一時サービス停止。

■ 仮想通貨ウォレット

マイニングした仮想通貨を受け取り、保管できる仕組みです。

※正確には、仮想通貨にアクセスするための公開鍵・暗号鍵を管理する仕組み。

ウォレットの種類	特徴	例
ハードウェア ウォレット	インターネットの外で管理されるため安全性が高い。 コールドウォレット	Ledger Nano Ledger Nano S など
Webウォレット	ブラウザで使用できて手軽な反面、インターネット上で管理されるためハッキングなどの恐れがある。 ホットウォレット	MetaMask

■ インターネット回線

「マイニング」をするためには、「マイニング・プール」と常時通信する必要があるため、常時接続のインターネット回線が必須となります。

しかし、マイニング中の通信量は多くはなく、安定してつながれば、速度はさほど必要としません。

参考までにですが、筆者のマイニング環境は、光回線(戸建て)で一番安い30MBのプランですが、とくに支障はありません。

■ 機器の購入

マイニングに使う機器の購入についての注意点です。

CPUやメモリ、「グラフィックボード」などは一般的なパソコンショップで新品を購入できるものについては、入手性については問題ないですが、マイニングという特殊な使い方についてはサポート対象外と考えたほうがいいです。

リグフレームやライザーカードなどのマイニング専用部品は、ほぼ中国製。価格は安いですが、品質のばらつきや、納期については注意が必要です。

Amazonなど、大手ネット通販を利用することにより、返品や納期について対策することができるかなと思います。

また、「グラフィックボード」などは高額かつ、買い占めによる在庫不足のため入手性が悪いなどの理由で、ヤフオクやメルカリなどで購入検討することがあると思います。

筆者もよく使うのですが、「マイニング・ブーム」に乗じて、高額転売するケースや、ジャンク品をつかまされる可能性が高く、慎重な見極めが必要で、中古を探すのであればショップの中古販売を利用するほうが無難であると考えています。

## 第5章

「マイニング」の熱対策

「マイニングマシン」の動作は、一般的な「パソコン」(PC)の使い方とは異なり、高負荷、連続稼働と、発熱する条件が揃っています。そのため、「熱対策」について、いろいろ考える必要があります。

5-1　マイニング稼働時の注意点

■ コンセントのタコ足厳禁

本気で使うマシンならば、「1000W」クラスの「ATX電源」を使うと思います。

しかし、家庭のコンセントは、一般的に最大「1500W」しかありません。

ATXに給電するには、コンセントから直接が望ましいです。

図5-1　「電源タップ」に「ATX電源」を挿して「マイニング」を続けた結果、焦げました…

「ケーブル」の分岐や変換は避ける

　「PCI-E」への給電や、「SATA→ペリフェラル4PIN」への変換などは、分岐や変換ケーブルのところで発熱することがあります。

　分岐や変換はできるだけ避け、やむを得ない場合でも、動作中に点検して、触ってみて発熱がしていないことを確認します。
　発熱を放置すると、コネクタが溶けたりして危険です。

図5-2　「分岐・変換部分」は、「触ったり」「非接触温度計」を使って、「発熱」がないか、
定期的に点検したほうがよい。

■ 「機器」の「排熱」を考える

　「熱」がこもることにより、「グラフィックボード」だけではなく、「マザーボード」や「SSD」など、他のパーツへのダメージにもつながるため、注意が必要です。

　その点、専用の「マイニングリグ・フレーム」であれば、その辺も多少考えられています。
　さらに、必要に応じクーラー、換気扇などの検討も必要です。

■ 定期的な点検

　「HWMonitor」などのソフトを活用して、「グラフィックボード」の「温度」や、「ファンの動作状況」をチェックしたり、「コンセントに挿すタイプの電力計」を使って「消費電力」をチェックし、止まらないように運用することが肝要です。
　最新の「グラフィックボード」を使っていても、しょっちゅう止まるようでは、効率が悪いです。

■ 置き場所

　動かしっ放しにしても、問題がない場所を確保します。

・空冷ファンの騒音

・コンセントの占有

　本気で使うマシンは、すべての「基板」がむき出しなので、

・ホコリ、湿気、子供や飼いネコの攻撃を受けない場所

など、家族の理解を得ることも必要です。

図5-3　ピンチ！…ペットや子供にも注意が必要。

第6章

「マイニング・リグ」の組み立て

本章では、「グラフィックボード」の「マイニング・リグ」の組み立て手順について、簡単に説明します。

*

大枠は「自作パソコン」の組み立てと同じですが、「マイニング・リグ」の特徴的なところを中心に紹介します。

6-1 「オープンフレーム」の組み立て

「オープンフレーム」の組み立てについては、購入した製品の説明書を参考に組み立てることになると思いますが、おおまかな作業としては、以下とおりです。

① **マザーボードを固定するための「スペーサー」をねじ込む**

② **「グラフィックボード」を支えるためのフレームを組み、ネジ止め**

図6-1　「オープンフレーム」の例

6-2 「マザーボード」の取付け

　一般的な「マザーボード」の取り付け方法と同じで、「スペーサー」の穴の位置に合わせて、ねじで止めます。

図6-2 「オープンフレーム」に固定するイメージ
筆者の「自作フレーム」なので、あまり参考になりませんが…

　マイニング用の「オープンフレーム」は、短辺が215〜230mm程度の短い基板を使っている、「マイニング専用マザーボード」を基準に、「スペーサー」が設計されていることが多いです。
　そのため、フルサイズの「ATXマザーボード」の利用には、注意が必要です。
　具体的には、6か所で固定する前提で考えたほうがいいです。

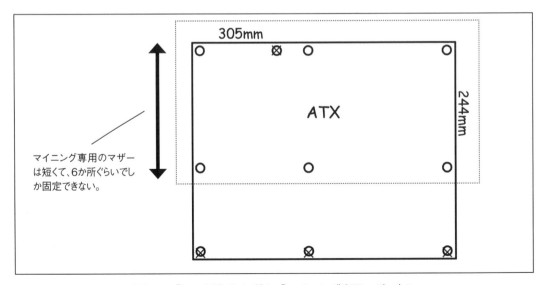

**図6-3 「ATX標準サイズ」と、「マイニング専用マザー」の
サイズ違いのイメージ**

6-3 「CPU」の取り付け

　一般的なCPUの取り付け方法と同じで、①CPUソケットの右側にあるレバーを外し、②CPUソケットの切り欠けに合わせてCPUをそっと載せ、③金属の「ソケット・レバー」を下に押しながら、外側にレバーを動かして、CPUを固定します。

図6-4　CPUの取り付け例

6-4 「CPUクーラー」の取り付け

　「グラフィックボード」の「マイニング・リグ」を組み立てるのであれば、低スペックのCPUで充分です。(＝付属している純正の「リテール・クーラー」の使用でOK。)

　取り付方法は、パソコンの自作と同様で、CPUの熱を効率よく排熱するための「熱伝導グリス」を塗り、「CPUクーラー」を「CPU」に密着させます。

　新品のリテール・クーラーは熱伝導グリスがすでに塗られています。
　「グリス」に「ごみ」が付着しないように、かつ、CPUファンのケーブルをどう取りまわすかを意識して取り付け向きを決めます。

　マザーボードのCPUソケットの周りに4箇所の「穴」が開いているので、そこに「CPUクーラー」のピンを挿し込んで、固定します。
　固定したら、「CPUクーラー」の「電源コネクタ」を挿します。

図6-5　「リテール・クーラー」の取り付け例

6-5 「メモリ」の取り付け

　一般的なマザーボードにメモリを取り付ける方法と同じですが、「スロット」のロックを外側に倒して、(1つのものと2つのものがある)ロックを外し、「メモリ」の凹と、「メモリスロット」の凸部分の位置を合わせて、メモリは左右均等に力を入れ、ロックされるまで、メモリスロットに挿し込みます。

図6-6　メモリの切り欠き(凹)の部分を合わせる

6-6 「電源」の取り付け

　一般的な「ATX電源」の取り付けは、ケースの背面に固定すると思いますが、「グラフィックボード」の「マイニング・リグ」の場合は、リグの仕様にもよりますが、基本、「ファンを上向きにして置く」、もしくは、「リグの土台にねじ1～2本で固定する」だけです。

　そのため、なるべく平らな場所に置いて運用する必要があります。

　その状態で、「マザーボード」へ電源を供給するためのケーブルを挿し込みます。

図6-7　マザーボードへの配線箇所

[1]メイン電源コネクタ (20+4ピン)
[2]EPS12V (4+4ピン)
[3]ペリフェラル4ピン※

※マイニング専用マザーの場合、電力強化のため使うものがあります。

＊

　1台の「マイニング・リグ」で複数の「グラフィックボード」を挿して運用する場合で、ATX電源1台だけでは電力供給が難しい場合には、「ATX電源」を追加して運用することもできます。

図6-8 「マイニング・リグ」にATX電源2台で運用の例

このような場合には、「電源連動ケーブル」を使うと、便利です。

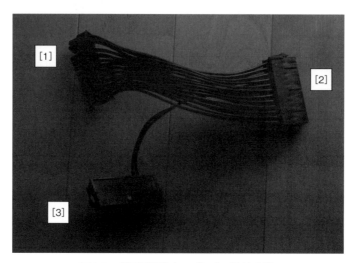

図6-9 「電源連動ケーブル」の接続方法

[1] 電源ユニット側：メイン電源コネクタ (24ピン) メス
[2] マザーボード側：メイン電源コネクタ (20+4ピン) オス
[3] 増設電源ユニット側：メイン電源コネクタ (24ピン) メス

6-7 「HDD/SSD」の取り付け

「配線」については、一般的な自作パソコンと同様に、「SATAケーブル」を「マザーボード」から、「HDD」また「SSD」へ接続、「SATA電源ケーブル」を「ATX電源」から「HDD」また「SSD」へ接続するだけです。

　「HDD」また「SSD」の固定は、「マイニング・リグ」に固定するための「ステー」があれば、そこへネジ止めします。

　マザーボードの「M.2」コネクタに「SSD」を挿せるならそれでよし。

図6-10　HDDの取付例

6-8 「グラフィックボード」/「ライザーカード」の取り付け

　「グラフィックボード」の「マイニング・リグ」を組み立てる際、特徴的な構成です。

＊

　図6-11のように、「マザーボード」の上部に複数の「グラフィックボード」を並べて動作させるのが一般的で、こうすることにより、複数のボードを固定でき、かつ、排熱効率を上げることができます。

図6-11　「マイニングリグ・フレーム」に「グラフィックボード」を固定

　ここからは、上記を実現するために構成するパーツを説明します。

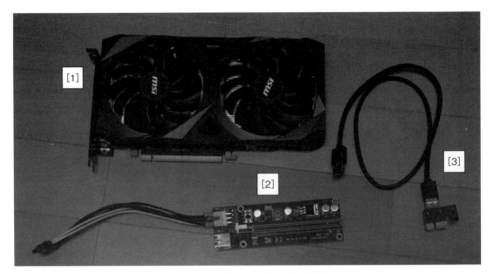

図6-12　リグ運用に使用する機器

---

[1]「グラフィックボード」本体
[2] PCI Express x16〜 x1ライザーボード
[3] マザーボードの「PCI Express x1スロット」に接続する「ライザーカード」と、「ライザー ボード」と接続するための「USB 3.0ケーブル」

　次に、「接続方法」を説明します。

[手順]
[1] ライザーカードをマザーボードの「PCI Express スロット」に挿す。

図6-13　ライザーカードの挿し込み例

「PCI Express x1」規格のカードであるため、「x1 スロット」にも「x16 スロット」の
いずれにも挿すことができます。

注意点として、「x16 スロット」に挿す場合、向きを間違えないように注意してくださ
い（x1 スロットは逆にさせない仕様）。

マイニング・リグ」自作で、もし誤って逆に挿して使うと、動作しない上に「ライザー
カード」が過電流で発熱し、最悪「グラフィックボード」まで壊れる恐れがあります。

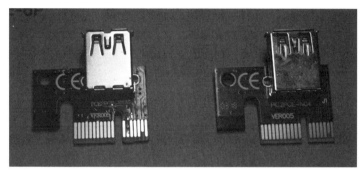

図6-14 「左」が誤って挿して、端子が焦げたもの

[2]「ライザーボード」に「グラフィックボード」を挿します。
「マイニング・リグ」に固定する。「マイニング専用ケース」には、フレームが2つあり、「低
いほうのフレーム」には「グラフィックボード」を挿した「ライザーボード」を置き、「高
いほうのフレーム」は、「PCI Express カード」の高さぶん長くなっていて、そこに「カー
ド・スロット」に固定するための「ねじ穴」を流用してフレームに固定します。
通常の PC ケースほどの固定はできませんが、必要充分でしょう。

図6-15 フレームへの固定例
筆者は「木の棒」で幅を広げ、より多くのボードを差せるように改造

[3]「ライザーボード」、「グラフィックボード」に配線する。

・一般的な自作パソコン同様、「グラフィックボード」に、「グラフィックボード」の仕様に合わせた、電源ケーブル（PCI-E 6ピン,8ピンなど）を挿します。

・「ライザーボード」に、「ライザーカード」に接続された「USBケーブル」、「ライザーボードに電源供給するための、「電源ケーブル」を挿します。

　「グラフィックボード」を複数運用するには、この配線が重要になります。

*

　これら全体の注意点を、この後、まとめて説明します。

図6-16　「ライザーカード」にも電源が必要なことがポイント

■ その他

　先の"「マザーボード」の選択"の項で、マイニング専用パーツで、1つの「PCI Express x1」スロットから複数の「ライザーボード」の接続ができる製品を紹介しました。

　この製品を使う場合には、「ライザーボード」付属の「ライザーカード」の代わりに、「PCI Express x1」スロットにそのボードを挿し、そこに「USBケーブル」を「ライザーボード」に接続します。

　「ライザーボード」の仕様に明確な規格はないため、この製品を使う際、「ライザーボード」との相性問題や、「グラフィックボード」を接続する際に、1枚ずつ接続して、OSで認識できたことを確認した後、次の「グラフィックボード」を追加させるなど、使用に当たっては注意が必要です。

図6-17 「ライザーボード」拡張ボードの使用例

6-9 「ケーブル」の配線

■「100V電源ケーブル」の配線

マイニングの熱対策の項でも説明しましたが、コンセントから「ATX電源の100V」をとる際には、「電源タップ」は使わず、直接コンセントに接続するべきです。

連続運用すると電源ケーブルもかなり発熱する恐れがあるため、なるべく抵抗になる配線は避けるべきです。

■ PCI-Express補助電源、ライザーカードの配線

多数の「グラフィックボード」を接続するためには、**図6-18**のような「ライザーカード」や、「PCI-Express」の「補助電源」を、多数接続する必要があります。

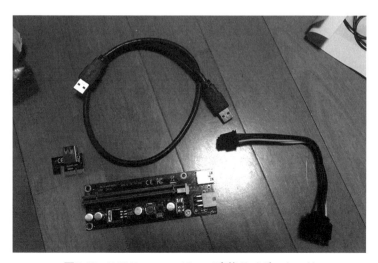

図6-18 PCI-Express x16→x1変換ライザーカード

　その際に、「電源変換ケーブル」を使うことがありますが、供給元のコネクタの供給電力を超える変換をして接続すると、過負荷によりコネクタが発熱し、最悪、コネクタが溶けたり、故障の原因となるため、注意が必要です。

電源コネクタ、PCI Expressスロットの最大供給電力一覧

電源コネクタ

形状	最大供給電力
ペリフェラル4ピンコネクタ	60W～132W※1
シリアルATA電源コネクタ	+3.3V(14.85W)、+5V(22.5W)、+12V(54W)
EPS12V 8PIN	144W※2

※1　明確に規定されているわけではなさそう、5A or 9.4～11Aなどいろいろ話がありそれに12Vを掛けた数値を記載。
　　　ただし、シリアルATAにくらべると単純に電線が太いため、発熱はしにくいかと。

※2　4PIN、75W × 2本

PCI Express

スロット

スロット形状	x1	x4/x8	x16
フルハイト	10 W/25 W (High Power)	25 W	25 W/75 W （グラフィックカード）
ロープロファイル	10 W	25 W	25 W

補助電源

コネクタ形状	最大供給電力
6PIN	75W
8PIN	150W

図6-19　各電源コネクタ規格の最大供給電力

　たとえば、一般的な「ライザーカード」は、「SATA→6Pin」の変換ケーブルが付属します。これは、「PCI-Express x16」に必要な最大75Wを供給するために必要です。

　しかし、「SATA」のコネクタ規格では「最大54W」なので、「PCI-Express」の「75W」供給に使うと過負荷となる恐れがあります。

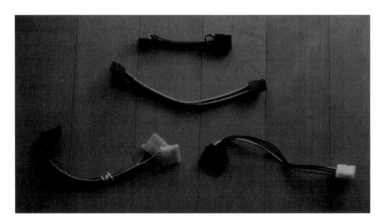

図6-20　あまり良くない変換コネクタの例
上から
PCI-Express 6pin→8pin
SATA → PCI-Express 6pin
SATA → ペリフェラル4Pin×2本、1本

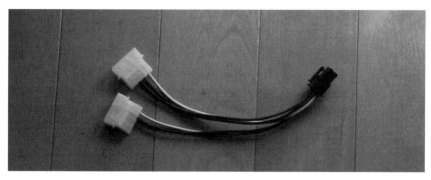

図6-21 使いどころによっては使えそうな、マニアックなケーブル
ペリフェラル4Pin×2本 → PCI-Express 6pin

図6-22 EPS12V 8Pin → PCI-Express 6pin

■ ディスプレイ出力ケーブル

　ライザーケーブル経由で接続された「グラフィックボード」の映像出力端子に「ディスプレイ・ケーブル」を挿し、モニタにつなぎます。

　「グラフィックボード」は、マイニング処理と、ディスプレイ出力の兼用は可能です。
　しかし、性能の能力低い「グラフィックボード」でディスプレイを出力させると、マイニングのハッシュレートが落ちることがあります。
　ディスプレイ出力には、余力のある、いちばん能力の高い、「グラフィックボード」を使ったほうがいいです。

6-10 「モニタ」「キーボード」や「マウス」をつなぐ

これらの接続は、一般的な「自作パソコン」と同様、各種「ディスプレイ・ケーブル」や「USB端子」で、「マイニング・リグ」と接続するだけです。
ただ、基本、「マイニング・リグ」は通常は動かすだけで、これらを使うことは、作業のとき以外はあまりないと思います。
　筆者は、下記のような、「パソコン切り替え器」(KVMスイッチ)を使って、「モニタ」「キー

ボード」「マウス」を1つにまとめています。

図6-23　パソコンたくさんあると、KVMが欲しくなるよね。

「ソフトウェア」の導入と設定

本章では、パーツの取り付けが完了したあとの、「OS」と「アプリケーション」の、「インストール」と「設定」について解説します。

7-1 「Windows OS」のインストール

インストールする「OS」の選択肢はいくつかありますが、代表例として、Windows OS (Windows10) での事例を紹介します。

[手順]

[1]「Windows10」をインストールします。機能的には、「HOMEエディション」で充分です。

図7-1 インストール中の「エディション選択画面」

[2] Windowsのインストール中に、特別な設定はありません。
一般的な自作PCの「OS」のインストールと同様の手順でインストールします。

図7-2　インストール中、特別に設定するところはない。

[3] OSのインストール後は、標準でインストールされる、「使わないアプリケーション」は、アンインストールしておいたほうがいいです（長時間の連続運用に支障をきたす可能性があるため）。

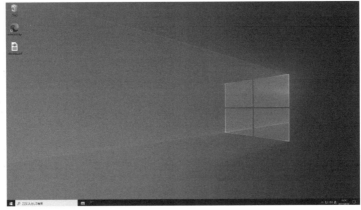

図7-3　不要なソフトはアンインストール

7-2 「マイニング・リグ」の運用に必要な設定

■ 仮想メモリサイズの拡大

　Windows10でマイニングするためのソフトウェアを動作させる場合、デフォルト設定の「仮想メモリ」では動作しないため、設定を変更する必要があります。

[手順]
[1] 設定画面から、「システム」→「詳細情報」→「システムの詳細設定」をクリックして、「システムのプロパティ」を表示します。

図7-4 「システム」のプロパティを表示

[2]「システム」のプロパティから「詳細設定」タブを選択し、パフォーマンス項の「変更」
ボタンをクリック。
「詳細設定」タブをクリックし、「仮想メモリ」の「変更」ボタンをクリックします。

図7-5 「詳細設定」タブ

[3]「仮想メモリ」の画面で、「すべてのドライブのページング…」のチェックを外し、「カ
スタムサイズ」ラジオボタンを選択。
「初期サイズ」「最大サイズ」を22GBバイト程度（搭載する予定の「グラフィックボー
ド」のメモリサイズ合計が目安）を入力し、「設定」ボタンを押したのち、「OK」ボタ
ンをクリック。

図7-6　仮想メモリ画面

[4] 開いていたWindowsを「OK」で抜け、「OS」を再起動して設定が完了します。

■ WindowsUpdate対応

　本作業は必須ではありませんが、「Windows10」で「マイニング・リグ」を連続動作させる
際に、「Windows Update」を考慮する必要があります。

　「Windows Update」によって、「アップデート」と「再起動」が強制実行されることを想定し、
OSの起動時に、自動的にログインできるように設定します。

[手順]

[1] 画面下の「検索」ボタンを押し、「netplwiz」を検索すると、「設定」を開くことができます。

図7-7　「netplwiz」を検索

[2]初期状態では「自動ログイン」の設定ができないため、レジストリを変更します。
画面下の「検索」ボタンで「regedit」を検索すると、「レジストリ・エディタ」を開くことができます。

図7-8 レジストリ・エディタを起動

[3]「レジストリ・エディタ」の右ペインから、以下のように選択して、右クリックします。
「HKEY_LOCAL_MACHINE」 → 「SOFTWARE」 → 「Microsoft」 → 「Windows NT」 → 「CurrentVersion」 → 「PasswordLess」 → 「Device」 → 「DevicePasswordLessBuildVersion」

[4]値のデータが「2」になっているのを「0」に変更し、「OK」をクリックします。

図7-9 レジストリを修正する

[5]　[1] の項で説明した「netplwiz」を起動して、「ユーザーがこのコンピュータを…」の
　　　チェックを外し、「OK」ボタンをクリックします。
　　　確認で「パスワード」を聞いてくるので、「パスワード」を入力すると、「自動ログイン」
　　　の設定ができます。

図7-10　netplwiz を起動

[6]　これで、OS が再起動され自動ログインまでされますが、マイニングソフトの自動起
　　　動の設定も併せて必要です。その設定については次項で説明します。

7-3　「仮想通貨」を「マイニング」するソフトウェアの導入と設定

■ マイニングソフトの導入

ここからは、「マイニングソフト」の導入について説明します。

＊

5章で、「マイニングソフト」がどんなものかの紹介をしました。

その中から、「t-rex」という「マイニングソフト」で、仮想通貨の「Ethereum」を、「ethermine」という「マイニング・プール」を使って、「マイニング」を行なう設定例を紹介します。

[手順]　ソフトウェアの入手と設定

[1]　マイニング・プール「ethermine」サイトより、「t-rex」をダウンロードして、ファイ
　　　ルを展開します。

　　　「ethermine」のサイトトップ上部にある「start mining」をクリックすると、マイニン
　　　グを行なうためのチュートリアルが表示されます。

その画面の「2. Choose your mining software」項から、使う「マイニングソフト」を
選んでクリックすると、各ソフトのサイトへナビゲーションされます。

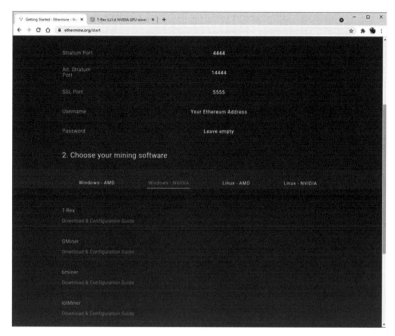

図7-11 「ethermine」の"Start Mining"の画面
t-rexの「download...」をクリックする。

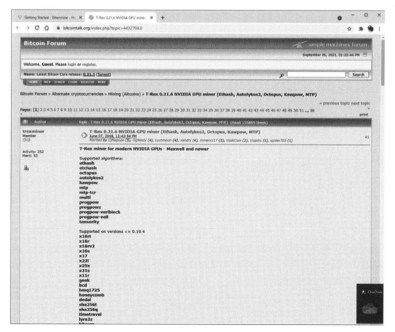

図7-12 bitcointalk.orgのT-Rex紹介ページ
※主な「マイニングソフト」は、このサイトに紹介ページを準備していることが多い。

図7-13　github.com の T-Rex 公開ページ
※ソフト公開する定番のサイト。

[2]　「T-Rex」公開ページから、「t-rex-<バージョン番号>-win.zip」をクリックして、ダウンロード後、適当なフォルダにコピーして、「Zip ファイル」を展開します。

図7-14　ダウンロードした ZIP ファイルを、デスクトップにフォルダを作って展開

[3]マイニングを実行するファイルの設定を変更します。

　ここから、プログラムを実行するための「バッチファイル」の設定をします。

　「t-rex」には、あらかじめ主な「仮想通貨」と「マイニング・プール」の代表例が準備されています。
そこから、「Ethereum」を「ethermine」でマイニングするための設定ファイルを使った設定例を説明します。

＊

　先ほど展開したフォルダにある、"ETH-ethermine.bat"というファイルをメモ帳で開きます。

　開いたファイルの中に、"-u 0x…[0x含め４２文字の文字列]"の部分を、自分が解説した仮想通貨取引所の口座「Ethereum」のアドレスに置き換え、保存します。

図7-15　「t-rex」のマイニングを実行するファイル"ETH-ethermine.bat"

図7-16　仮想通貨取引所で自分の「Ethereum」アドレスを調べる例「bitFlyer」

＜補足＞

　「t-rex」のパラメータの詳細は、展開した「t-rex」ファイル"README.md"に記載があります。

　基本パラメータは、下記以外にもさまざまな設定があり、設定次第で性能アップも期待できます。別項のそのあたりも紹介します。

パラメータ	説　明
-a ethash	何の仮想通貨をマイニングするかを設定。 ethash は「Ethereum」
-o stratum+tcp://eu1.ethermine.org:4444	接続するマイニング・プールの情報を設定。 「ethermine」のサイト「start mining」に記載されている。
-u 0x…[0x含め４２文字の文字列]	マイニングした結果を送付する先のアドレス。 仮想通貨取引所や自身のウォレットより指定する。
-p x	パスワードを設定。 匿名マイニングができるサイトだと、大体この設定。
-w rig0	「マイニング・リグ」の名前を設定。 複数の「マイニング・リグ」を構築して運用する場合には、それぞれ任意の名前に変更する。

■「マイニングソフト」使用上の注意

「マイニングソフト」は、ウイルスと判定されるケースが多々あります。

おそらく、ハッカーが「マイニングソフト」を他者のパソコンへ無断インストールさせ、動作させる事件が多発したためです。

「マイニングソフト」を運用する場合は、「マイニングソフト」を導入したフォルダは、「ウイルス・チェック」の対象外にしたほうがいいかもしれません（ただし、自己責任で…）。

また、入手の際も、本家のサイトかどうかをしっかり確認する必要があります。
絶対ではないですが、ソフトを検索した結果ではなく、マイニング・プールのサイトからのリンクが、比較的安全かもしれません。

また、「Google Chrome」などのブラウザでダウンロードする時点で、「ウイルス扱い」となり、ダウンロードできないケースもあります。
その場合は、そのソフト（バージョン）の利用は諦めたほうが賢明でしょう。

図7-17
Windowsの設定から、セキュリティ設定画面（上記）の"許可された脅威"をクリックすると、ウイルス・チェックの対象外フォルダを設定できる。

マイニングの実践

本章から、実践的なマイニングの解説に入ります。

*

マイニングソフト「t-rex」で、仮想通貨「Ethereum」を、マイニングプール「ethermine」を使い、マイニングの実践例を、「実行」→「確認」→「換金」の順で解説します。

8-1 「マイニングソフト」を実行する

先ほど設定したバッチファイル「ETH-ethermine.bat」をダブルクリックすると、マイニングが実行されます。

これを実行し続けることによって、「マイニング・リグ」は「マイニング・プール」に接続し、仮想通貨の採掘を行ないます。

*

実行例を、**図8-1**で説明します。

図8-1 「t-rex」の実行画面

画面に[OK]表示が表示されると、「マイニング・プール」内での採掘ができて利益が発生。
また、各「グラフィックボード」の動作状況も把握できる。
「温度」「ファン回転数」「ハッシュレート」「採掘できている」という情報をこまめに
チェックし、問題がないことを確認することが肝要。

＜補足＞

　前項、「OS」の導入と設定において、Windowsへの「自動ログイン」の設定を紹介しました。

　ここでは、自動ログイン後に、「マイニングソフト」を自動的に実行するための「手順」を紹介します。

[手順]

[1] スタート・メニューから「タスク・スケジューラー」を起動する。

図8-2　タスク・スケジューラー

[2] 図8-3のように「タスク・スケジューラー」の「左ペイン」で右クリックして、「基本タスクの作成」をクリックすると、「作成ウィザード」が表示されます。

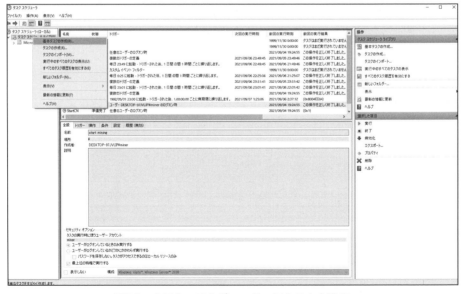

図8-3　タスク・スケジューラーにタスクを追加

[3]画面の指示に従って、設定していきます。

まずは「名前」を設定して、「次へ」をクリックします。

図8-4 「基本タスク」の「名前」を設定

[4] どのタイミングで実行するかを選択。

今回はログイン後に起動させたいので、「ログオン時」を選び、「次へ」をクリックします。

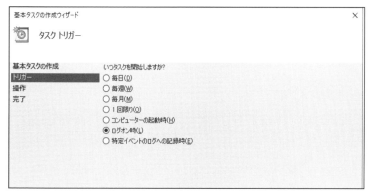

図8-5 どのタイミングでアプリを実行するか、設定

[5] 実行する操作を選択。

ここでは「プログラムの開始」を選び、「次へ」をクリックします。

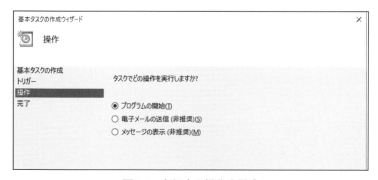

図8-6 実行する操作を設定

[6] 実行するプログラムファイルを選択。今回は前項で設定したバッチファイル「ETH-ethermine.bat」を「参照」で選び、「次へ」をクリックします。

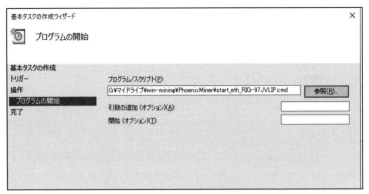

図8-7　バッチファイルの実行を設定

[7] 完了画面になるので、「完了」をクリックします。

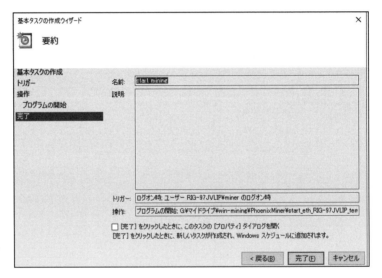

図8-8　完了画面

[8]「タスク・スケジューラー」のメイン画面で登録されたことを確認。
「タスク」を開き、追加設定をいくつかします。

まずは、全般の画面で「最上位の特権で…」にチェックを入れます。

図8-9 タスクのプロパティ画面
「最上位の特権で…」のチェックは、今後、グラフィックボードのチューニングの際に、必要になります。

[9] 設定のタブをクリックし、「タスクを停止するまでの時間」のチェックを外します。
これをしないと、指定した期間（3日間）で、マイニングが停止してしまいます。

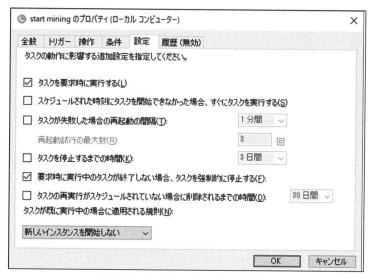

図8-10 タスクのプロパティ画面

以上で設定は完了です。

*

「マイニング・リグ」を再起動し、正しく動作するか、確認してみましょう。

8-2　「マイニング・プール」の使い方

「マイニング・プール」を操作することで、「状況確認」や「払い出しの設定」ができます。

■ マイニングの途中経過を確認

「ethermine」のサイトから、マイニングの実行状況が確認できます。

これから確認する手順を紹介します。

[手順]

[1]　「ethermine.org」のサイトをブラウザで開き、画面右上の MinerAddress をクリック、「ETH-ethermine.bat」に設定した、マイニング結果の送付先アドレスを入力して、「Enter」キーをクリックします。

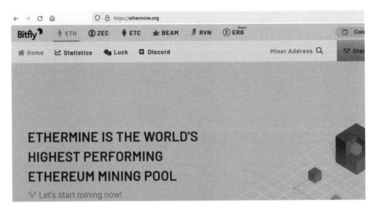

図8-11　自分のマイニング情報を検索する画面
「MinerAddress」をクリックすると、入力画面になります。

[2]　マイニングの実行結果が表示されますが、初めてマイニングをしたときには、情報反映に 30 分程度かかります。

　このアドレスをブラウザの「お気に入り」に登録しておけば、スマートフォンなどからでもマイニング状況を確認できます。

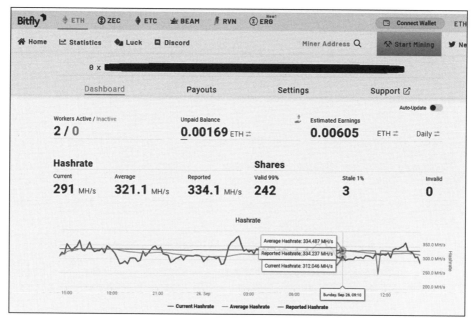

図8-12 「マイニング・プール」で見るマイニング状況

表8-1 主な情報の意味

Workers	動作中「マイニング・リグ」の数
Unpaid Balance	払い出し前コインの数量
Estimated Earnings	1日あたりの採掘量予測 右の「ETH」や「Daily」をクリックすると、表示を「ドル」
Current	「採掘結果」から見た「ハッシュレート」
Average	「採掘結果」から見た「ハッシュレート」の「平均」
Repored	「マイニングソフト」が報告した「ハッシュレート」

■「マイニング」結果の「払い出し」設定

前項、「マイニング・プール」の選択において、「最低払い出し額」の紹介をしましたが、「マイニング・プール」によって、「払い出し額」が変更できる仕様のものもあります。

ここからは、「ethermine」の設定を紹介します。

＊

「ethermine」の「払い出しポリシー」は、最低「0.01ETH」と、他の「マイニング・プール」より低く抑えることができます。

しかし、常に手数料がかかります。

（他は「0.1ETH」が多い＝マイニング・プール能力が低いと、払い出しに時間がかかる）。

[手順]

[1] それらの設定変更は、先に説明した状況確認画面から、「Settings」タブをクリックして、画面遷移します（図8-13）。

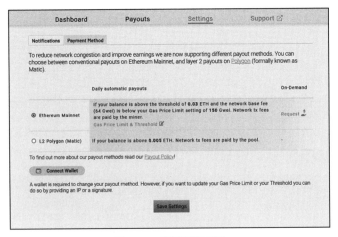

図8-13　状況確認画面

[2] この画面から、「Gas Price...」をクリックすると、設定変更画面に移ります。

> ※「L2 polygon」は、「Ethereum」ではなく、別の通貨で払い出す設定になり、ややこしくなるので、説明は割愛します。
> 　興味がある方は調べてみてください。
> ※図8-14で、「払い出し単位」、「Gas Price」、「セキュリティ確認のための自身のIPアドレス（グローバルアドレス）」を入力し、「Update Setting」をクリックすると、設定が変更できます。

■ 設定方法

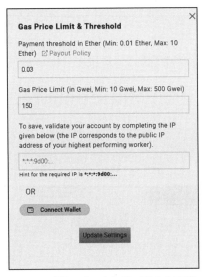

図8-14　「払い出し」などの設定を変更

[Payment threshold]…払い出し単位を設定します。
[Gas Price Limit]…払い出し手数料を設定します。

＊

「Ethereum」のルールでは、「払い出し手数料」はユーザーが決めることができます。

ただし、「払い出し手数料」の大きなものから処理されるため、小さくしすぎると、「いつまでたっても処理されない」という事態になるため、ある程度のサイズに設定が必要です。

＊

[To Save … IP]…マイニングしているパソコンの「IPアドレス」を「IP v6」で入力します。

マイニングしているパソコンから、自分の「IPアドレス」を調べることができるサイトで、確認ができます。

8-3　取得した「仮想通貨」を「売却」する

先のごとく、「マイニング・リグ」を稼働させると、しかるべきタイミングで、「仮想通貨取引所」に「仮想通貨」が送付されます。

後は、それを好きなタイミングで「売却」して「換金」できます。

「仮想通貨取引所」のサービスにもよりますが、「売却方法」が2種類（AとB）あるので、それらについて紹介します。

【A】販売所

「仮想通貨取引所」へ売却するやり方です。
多くの取引所で扱っています。
少額でも売却できますが、手数料が高いです（約10%）。

図8-15　「bitFlyer」の売却画面（9/5 23:00頃）
（1）「市場価格（背景の金額）」、（2）「換金できる金額」。
（1）と（2）の差額が手数料。

通貨リスト

BTC	5494035円	-0.07%
ETH	430658円	+0.54%
ETC	7694.4円	+0.85%
LSK	481.77円	+2.56%
FCT	187.46円	-1.68%
XRP	139.49円	+0.22%
XEM	25.163円	+6.29%
LTC	24619円	+2.28%
BCH	79526円	+2.17%
MONA	177.07円	+0.21%
XLM	41.974円	+1.08
QTUM	1597.7円	+4.79%

図8-16　市場価格

通貨レート　　JVCEAによる参考レート

販売所　　※ 注文最低金額(500円)のレート

通貨名	購入レート	売却レート
BTC	5,662,514 円	5,331,058 円
ETH	446,109 円	415,351 円
ETC	7,932.227 円	7,450.011 円
LSK	507.454 円	457.206 円
FCT	207.52 円	167.645 円
XRP	145.849 円	133.064 円
XEM	26.183 円	24.085 円
LTC	25,511 円	23,743 円
BCH	82,780 円	76,209 円
MONA	187.406 円	169.429 円
XLM	43.736 円	40.213 円
QTUM	1,680.389 円	1,514.877 円
BAT	108.504 円	99.927 円
IOST	7.041 円	6.311 円

図8-17　換金できる金額

CoinCheckの売却画面「9/5 23:00頃」

[市場価格]-[換金できる金額]＝手数料

【B】現物取引

「仮想通貨取引所」が公開している取引所で、他の取引所利用者へ売却するやり方です。

「価格」は、利用者同士の需給によって決定され（相場と若干異なるが、おおむね同じ）、「手数料」は販売所と比べて安いです。

しかし、「Ethereum」などの「オルトコイン」は、「仮想通貨取引所」によって取扱いがないケースが多く、自分がやりたいことができるかどうかは、調べる必要があります。

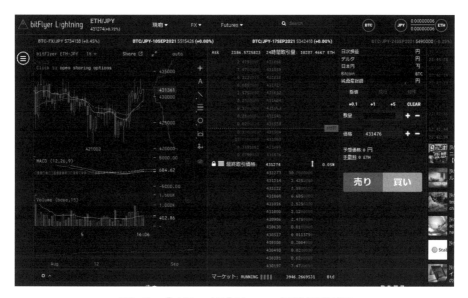

図8-18　「bitFlyer」の「Ethereum」現物取引画面

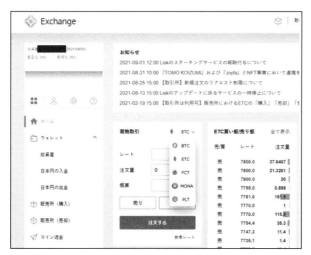

図8-19　「106CoinCheck」の現物取引画面
※「Ethereum」の現物取引は扱っていない…

## 第9章

「マイニング」のグレードアップ

ここまでで、「グラフィックボード」のマイニングについて、基本的な手順
を紹介してきました。

*

本章はそれらの応用で、「マイニングの効率アップ」や、「ややマニアックな
事柄」を紹介します。

9-1 「グラフィックボード・マイニング」のチューニング

「グラフィックボード」のマイニングは、設定をチューニングすることによって、マイニン
グの「省電力化」や「ハッシュレート」の向上が期待できます。

しかし、あまりやりすぎると、最悪、「グラフィックボード破損」の恐れもあるので、自己責
任でお願いします。

*

以下で、それらチューニングの仕方の一部を紹介します。

■ NVIDIAの「グラフィックボード」のチューニング

「グラフィックボード」のチューニングツールはいろいろありますが（WindowsではMSI
社の「Afterburner」が有名）、筆者の好みで、以下の2つのツールを紹介します。

表9-1 「グラフィックボード」のチューニングツール

ツール名	概　要
NVIDIA-SMI	NVIDIAのドライバをインストールすると利用可能になるコマンド。
nvidiaInspector	ドイツのプログラマー「Orbmu2k」氏が開発した無料ソフト。コマンドラインで利用でき、バッチファイルで実行可能。 本家サイト「https://orbmu2k.de/tools/nvidia-inspector-tool」

筆者はバッチファイルの中に設定を入れるのが好きなので、あえてこの2つをチョイスし
ています。

「NVIDIAグラフィックボード」のチューニングは、主に**表9-2**の3つの項目をカスタマイ
ズします。

表9-2　チューニングのパラメータ

パラメータ	概　要
①Power Target	グラフィックボードの動作電力を設定 デフォルト設定は定格の電力で動作するが、このパラメータで設定可能
②Base Clock	グラフィックボードのGPU本体の動作クロックを設定
③Memory Clock	グラフィックボードのメモリアクセスの動作クロックを設定

　これらのパラメータを、「グラフィックボード」や「仮想通貨」の特性に合わせて設定することによって、「省電力化」や「ハッシュレート」の向上が期待できます。

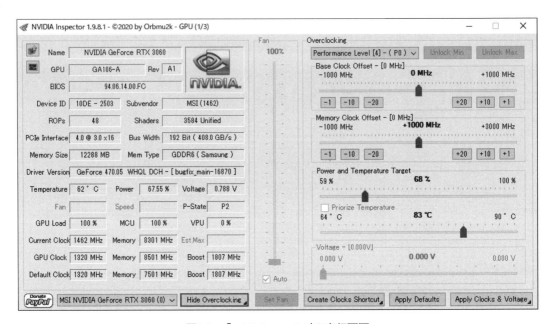

図9-1　「nvidiaInspector」の実行画面

《チューニングのコツ》

　まずは「消費電力」を下げて、マイニングを実行してみます。

　消費電力を限界まで下げると、「ハッシュレート」がかなり悪くなります。

　徐々に落としていって、「定格動作のハッシュレートよりちょっと悪いかな？」くらいにとどめます。

　そのあと、「Base Clock」や「Memory Clock」を徐々に上げ、効果があるところを探り、効果がありそうであれば、安定動作が維持できるところまで上げて運用してみます。

```
C:¥>nvidia-smi

Sun Sep 26 17:32:06 2021

+-----------------------------------------------------------------------------+
| NVIDIA-SMI 470.05       Driver Version: 470.05       CUDA Version: 11.3      |
|-------------------------------+----------------------+----------------------+
| GPU  Name        TCC/WDDM | Bus-Id        Disp.A | Volatile Uncorr. ECC |
| Fan  Temp  Perf  Pwr:Usage/Cap|         Memory-Usage | GPU-Util  Compute M. |
|                               |                      |               MIG M. |
|===============================+======================+======================|
|   0  NVIDIA GeForce ... WDDM | 00000000:01:00.0  On |                  N/A |
| 38%   61C    P2   114W / 115W |   5032MiB / 12288MiB |    100%      Default |
|                               |                      |                  N/A |
+-------------------------------+----------------------+----------------------+
|   1  NVIDIA GeForce     WDDM | 00000000:06:00.0 Off |                  N/A |
```

図9-2 「nvidia-smi」コマンド
現在の動作状況を表示できます。

＊

以下に、使用事例を紹介します。

```
REM RTX3060 12GB OC
nvidia-smi -i 0 -pl 115
nvidiaInspector.exe -setBaseClockOffset:0,0,0 -
setMemoryClockOffset:0,0,1000

REM DELL GTX1080
nvidia-smi -i 1 -pl 125
nvidiaInspector.exe -setBaseClockOffset:1,0,200 -
setMemoryClockOffset:1,0,800
```

図9-3 「nvidia-smi」と「nvidiaInspector」の使用例
「nvidia-smi」で使用電力量の設定(-pl)、
「nvidiaInspector」で、「Base Clock」と「Memory Clock」の設定。
「0,1,2」はデバイス番号（前図で把握できる）

■ AMDの「グラフィックボード」のチューニング

NVIDIAと同様に、チューニングツールはいろいろありますが、筆者の好みで、標準のRADEONソフトウェアでの手順で紹介します。

[手順]

[1]「スタート・メニュー」から、「RADEON Software」で、ツールを起動。

[2]「パフォーマンス」タブ→画面左上の「チューニング」→「手動」で、パラメータ設定
ができる状態になります。

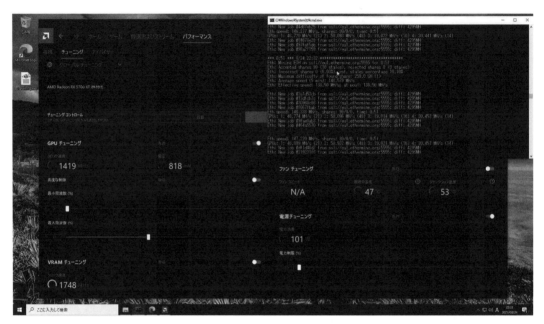

図9-4　「RADEON Software」のチューニング設定画面

《チューニングのコツ》

　筆者はNVIDIAで長らくマイニングしていたため、AMDマイニングのチューニングノウ
ハウがありません。

　現在使っているRX5700XTでは、ハッシュレートは、維持できる程度に、消費電力を下げる
だけにとどめています。

　「Base Clock」や「Memory Clock」は、消費電力を下げると上限が制限されるようで、「ハッ
シュレート最優先」でチューニングするのでなければ、設定はしなくてよさそうです。

　また、AMDの「グラフィックボード」は、設定した消費電力よりも実消費電力が多い傾向が
あります。

■ 動作検証

　「マイニングのハッシュレート」は、「マイニングソフト」の「実行結果」で確認できます。

　「消費電力」は、「設定変更」に合わせ、「グラフィックボード」だけではなく、「システム全
体」（電源、CPUなどの消費電力も含めめ）で把握することも、肝要です。

「ワット・チェッカー」を使えば、「マイニング・リグ」全体の「実際の電力量」が測定できます。

「システム全体の負荷状況」や電気代がかかっているかを記録し、それらの変化で問題発生時の情報として重要であると考えています。

図9-5　筆者の環境
「マイニング・リグ」2台を測定中。

9-2　VBIOS

「グラフィックボード」の選択の項で少し触れましたが、「グラフィックボード」の種類によっては、マイニング能力が強化できる、「カスタムVBIOS」が入手できることもあります。

また、「ネット・オークション」や「フリマ・アプリ」でグラフィックボードを購入した場合、何らかの改造によって、本来の性能が出せない場合の手段として、「VBIOSの更新」があります。

それらを行なうことで「メーカー保証」がなくなり、失敗すれば、「動作不能」になる恐れもあります。

そのため、積極的にはお勧めできませんが、「そのような手段もあるんだ」くらいに思っていてください。

■「VBIOS」のアップデート

[手順]

[1]以下のサイトに、いろいろな「VBIOS」があります。

https://www.techpowerup.com/vgabios/

[2]　ここで対応する機種を探し、「更新するVBIOSのイメージファイル」と「アップデートツール」をダウンロードして、任意のフォルダに展開します。

図9-6　TECH POWERUPサイト

[3]　更新後、トラブルがあっても戻せる※1ように、「GPU-Z」で「VBIOSのバックアップ」を取っておきます。

※1　もし起動できなくなった場合は、バックアップがあっても戻せません…。

図9-7　「GPU-Z」はグラフィックボードのスペックや状態をモニタリングできるソフト
（「TECH POWERUP」サイトより入手できます）。
「BIOS Version」が今利用しているVBIOSのバージョンです。
BIOSを選ぶ際に、この情報が参考になります。

[4] OSを「セーフモード」で再起動します。

「コマンドプロンプト」で、「ツールやイメージをダウンロードしたフォルダ」へ移動し、「アップデート」のコマンドを、以下の図9-8 ～ 9-9の順番に実行します。

図9-8　コマンド「nvflash -r」と入力
このコマンドでVBIOSのロックを解除します。

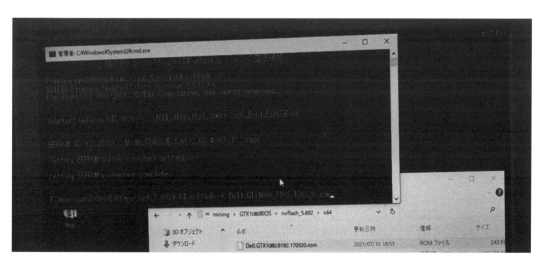

図9-9　コマンド「nvflash -6 [更新するVBIOSのイメージファイル]」
このコマンドで「グラフィックボードのVBIOS」を更新します。

*

最後のコマンドを、勇気を出して実行したら、再起動します。

BIOS画面が表示されれば、更新は完了している（はず！）。

「GPU-Z」を使って、VBIOSのバージョンの確認や各種機能の動作検証を行ないましょう。

9-3 「マイニング・リグ」の遠隔からの再起動

　「マイニング・リグ」は、24時間ずっと動作しっ放しになりますが、希に、さまざまな要因で、動作が止まってしまうことがあります。

　しかしながら、読者の方もそうだと思いますが、平日は仕事のため、家にずっといて対応できるわけではなく※、休み時間とかに「マイニング・プール」を確認して、止まっていないかチェックしていますが、希に止まっていることがあります。

※最近はテレワークで在宅勤務の方も多いかもしれません。その場合は読み飛ばしてください。

　そのようなときのために、遠隔で「マイニング・リグ」の「オン／オフ」をできるように、「IoTコンセント」を使った構成を紹介します。

①Amazonなどで、よく売っている下記のような製品を使っています。

図9-10　WIFIスマートプラグ Meross スマートコンセント
Amazonで購入、スペックとしては1500Wまで対応。

②筆者の構成では、コンセントから、延長コード（安物じゃなくPanasonicなどのメーカー品で1500W対応しているもの）を経由して、「ワット・チェッカー」「IoTコンセント」「ATX電源ケーブル」で接続しています。

図9-11　「マイニング・リグ」を「スマートプラグ」に取り付ける

③「IoTコンセント」をマニュアルどおりWifi接続してセットアップします。

　こうすることによって、スマホで「IoTコンセント」を操作すれば、「マイニング・リグ」の電源「オン／オフ」が可能になります。

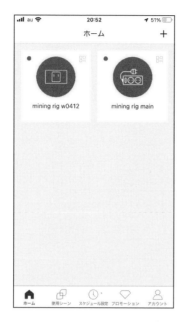

図9-12　スマホによる「スマートプラグ」の遠隔操作

⑤ただし、「マイニング・リグ」の電源オンは、BIOS設定で通電した際に、自動的に起動するように、設定変更が必要です。

　一般的なマザーボードであれば、"Restore on AC Power Loss"という項目を探して、"Power On"にします。

＊

　この構成での「電源オフ」は、「ATX電源」のコンセントを抜くような感じとなり、正しいOSのシャットダウンが行なえないため、万人にはお勧めできません。

　しかし、日常運用するものではなく、「緊急対応用」の手段の一つして紹介しました。

9-4　「マイニング・リグ」の冷却と排気

　マイニングする際には、「機器の冷却」のために充分な換気が必要です。

　しかし、一般的な家庭では、防犯の意味でも窓の配置などでも、換気が充分にできない部屋で動作せざるを得ないこともあります。

　そのような環境下では、換気にどのような手段があるか、いろいろ試してみたことを紹介します。

■「マイニング」と「水冷化」

「水冷化」の選択肢は、メジャーかつロマンがあります。

冷却性能を高めることができる反面、こまめなメンテナンスが必要で、システム全体が大掛かりになります。

*

マイニングにどれだけの効果があるのか、実験してみました。

■［実験１］　リファレンスモデルの「グラフィックボード」を水冷化改造

「Ethereum」のマイニングで、冷やさないといけないのは「グラフィックボード」です。

「グラフィックボード」を水冷化するには、一般的に機種ごとに用意される「専用キット」を使っていますが、今回は図9-13のような「汎用キット」を使い、手持ちのいちばん冷却が厳しいリファレンスモデルのGTX1070を水冷化してみました。

図9-13　汎用水冷キットの例

しかし、キット付属の「ヒートシンク」のサイズが合わず、「グラフィックボード」のチップにクーラーが密着できなかったため、厚め(3mm)の「サーマルパッド」を間に挟み、取り付けてみました。

図9-14 チップの周りの「プレート」が「クーラー」と干渉するため、「サーマルパッド」を貼り付け、密着させた。

図9-15 水冷キットをグラフィックボードに取り付け、検証中

機種：GALAX GF PGTX1070/8GD5V2
動作条件：Power limit 92W　OverClock +140Mhz　Memory Overclock なし
室温：27C（クーラーあり）

| 改造前（空冷）
ハッシュレート 23.5MHs
GPU温度 67.0℃ | → | 水冷化改造後
ハッシュレート 22.5MHs
GPU温度 69.0℃ |

図9-16　検証結果

　検証結果としては芳しくなく、厚めのサーマルパッドを使ったためか、効果はいまひとつ
でした。

■ [実験2]　水冷専用「グラフィックボード」を使用

　本格水冷専用の「グラフィックボード」でマイニングをすると、どうなるかの検証です。

　「グラフィックボード」の選択」項で紹介した、"POWERCOLOR Liquid Devil RX5700
XT"の動作結果を、他の空冷の「グラフィックボード」と比較します。

図9-17　汎用水冷キットのタンクとポンプを流用し、検証

No.	GPU	定格 動作	Powerlimit 設定		GPU Clock	Memory Clock	ハッシュ レート	GPU温度※	
1	MSI GTX3060 12GB	180W	115W	64%	0MHz	+1000MHz	47.725MH/s	66℃	空冷
2	POWERCOLOR Liquid Devil RX5700XT	225W	101W	45%	-	-	50.932MH/s	44℃	水冷！
3	ZOTAC GTX1060 2	120W	68W	57%	+130MHz	+230MHz	19.341MH/s	64℃	空冷
4	MSI GTX1660Super#2	125W	73W	58%	-100MHz	+750MHz	30.177MH/s	55℃	空冷

上部見出し：GPUチューニングパラメータ（Powerlimit設定・GPU Clock・Memory Clock）

図9-18　水冷専用グラフィックボードの検証

実行結果は良好な性能です。

「空冷」と比較すると、格段に動作温度を下げることができました。

■ [実験3] 複数の水冷化「グラフィックボード」で運用

先の実験結果をふまえ、複数の「グラフィックボード」の水冷化に挑戦してみました。

1台は、[実験2]で使った水冷専用"POWERCOLOR Liquid Devil RX5700XT"

2台は、リファレンスモデルのGTX1070,GTX1080を、[実験1]の反省もふまえ、取り付け方法を変えて試してみました。

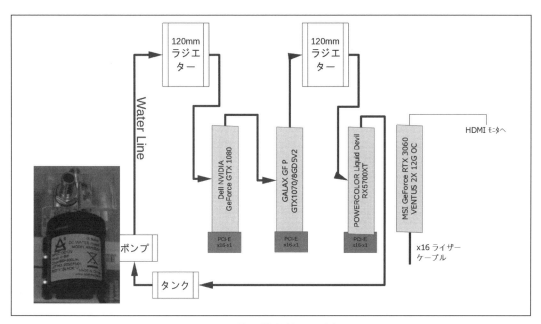

図9-19 機器構成（水冷配管）図

図9-20 チップに密着できるように写真下部の汎用水枕を使用。

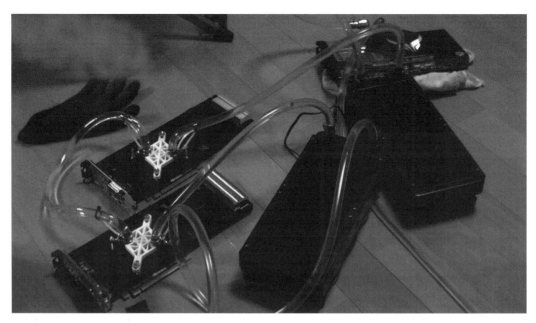

図9-21　「グラフィックボード」の3台水冷配管、試験動作中

　実行結果ですが、「GTX1080」については、良好な結果です。

機種：DELL NVIDIA GTX1080 8GB
動作条件：Power limit 125W　OverClock +200Mhz　Memory Overclock +1200MHz
室温：28C（クーラーあり）

改造前（空冷）		水冷化改造後
ハッシュレート 32.59MHs	→	ハッシュレート 33.82MHs
GPU温度 75.0℃		GPU温度 45.0℃

図9-22　GTX1018とGTX1070の実験結果

　しかし、残念ながら「GTX1080」は改造に失敗して壊れてしまったため、水冷「グラフィックボード」は2台構成になってしまいました。

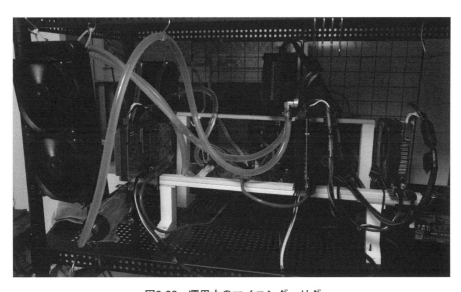

図9-23　運用中のマイニング・リグ
水冷運用を前提にスチール棚の1段全体を、マイニング・リグに改造。
水漏れによるマザーボードの破損を防ぐため、マザーボードを背面に立てて配置した。
本当なら真ん中のスペースにGTX1070を入れるつもりが(涙)。

システム全体としては、以下のとおりです。
水冷の冷却能力が高いことが分かります。

No.	GPU	GPUチューニングパラメータ				ハッシュレート	GPU温度※	
		定格動作	Powerlimit設定		GPUClock	MemoryClock		
1	MSI GTX3060 12GB	180W	115W	64%	0MHz	+1000MHz	47.725MH/s	66℃ 空冷
2	POWERCOLOR Liquid Devil RX5700XT	225W	101W	45%	-	-	50.932MH/s	44℃ 水冷
4	Dell GTX1080	180W	125W	69%	+200MHz	+1200MHz	33.827MHs	45℃ 水冷
3	ZOTAC GTX1060 2	120W	68W	57%	+130MHz	+230MHz	19.341MH/s	64℃ 空冷

※室温は30度前後（冷房あり）

図9-24　「水冷」グラフィックボードの2台、「空冷」2台で運用（冷房あり）

しかし、この構成で運用して気が付いたのですが、室温が高くなると、水冷のほうがその影響を受けやすいようです。

No.	GPU	GPUチューニングパラメータ				ハッシュレート	GPU温度※	
		定格動作	Powerlimit設定		GPUClock	MemoryClock		
1	MSI GTX3060 12GB	180W	115W	64%	0MHz	+1000MHz	47.095MH/s	69℃ 空冷
2	POWERCOLOR Liquid Devil RX5700XT	225W	101W	45%	-	-	50.059MH/s	50℃ 水冷
4	Dell GTX1080	180W	125W	69%	+200MHz	+1200MHz	33.480MHs	53℃ 水冷
3	ZOTAC GTX1060 2	120W	68W	57%	+130MHz	+230MHz	18.631MH/s	70℃ 空冷

※室温は34度前後（冷房なし）

図9-25　冷房なしで運用した場合
空冷グラフィックボードは、「+3〜＋6」℃
水冷グラフィックボードは、「+6〜+8」℃
・・・・とやや変化が大きい。

■ 水冷化まとめ

　「水冷化キット」は、かなりの場所をとるため、「マイニング・リグ」フレームすべての「グラフィックボード」を水冷化することは、厳しいかもしれません。

　しかしながら「自作PC」が趣味の者のロマンとして、引き続き、検証は続けようと考えています。

■ 最後はクーラーが頼り

　マイニングする際に、充分な「換気」さえできれば、「空冷」でも充分だと思います。

　先に紹介した「水冷化」したとしても、万能ではなさそうなのです。
　結局、最終的には「クーラー」が必要になると考えます。

　しかし、ただつけっ放しにするのは、なんか負けた気がするので、「IoTリモコン」を活用し、室温連動で、動作を自動化しています。

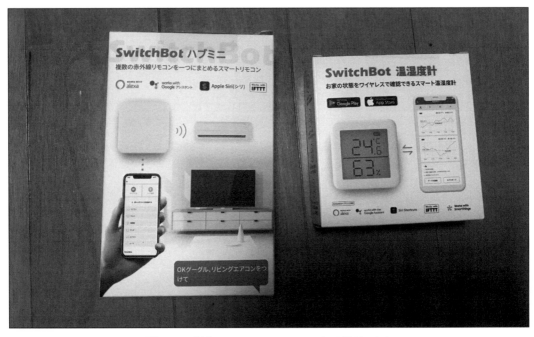

図9-26　（左）SwitchBot Hub Mini（IoTリモコン）
　　　　（右）SwitchBot 温湿度計

　上記の「IoTリモコン」と、オプションの「温湿度計」を組み合わせると、指定した室温を超えたとき、自動的にクーラーをスタートさせることができます。

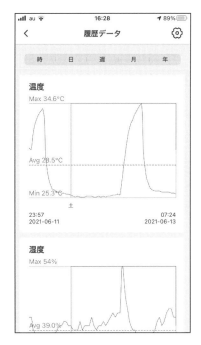

図9-27　(左)設定をするiOSアプリ画面
(右)アプリで確認できる室温の履歴

筆者は、室温が「34℃」を超えると、クーラーをオン。

止めるタイミングは、時間指定で19:00 (日没後)、という設定で運用しています。

9-5 「マイニングリグ運用」プログラムで死活監視の自動化

「マイニング」を続けるためには、「マイニング・リグ」の死活監視や、「仮想通貨」の売却など、確認作業や操作が必要です。

それらは、プログラミングさえできれば、ある程度、自動化が可能です。

以下では、筆者が、いろいろ試行錯誤した結果を、いくつか紹介します。

＊

基本的には、すべてプログラム(筆者は、「Python」をチョイス)から各サービスの「REST API」を呼び出し、指示を出し、結果を「JSON」で受け取るといった仕組みです。

＊

プログラミングの本ではないので、実運用できるプログラムすべてを解説することはできませんが、「こんな感じで使えるんだな」というイメージで理解していただければ、と思います。

＊

ここに掲載するソースコードは、クラス化したプログラム部品として使えるイメージで作ってあります。

もしよろしければ、工学社のホームページ（書籍のサポートページ）からダウンロードするか、以下のURLからダウンロードしてください。動作に関しては、無保証ですが……。

《URL》 ソースリストの保管場所

```
https://drive.google.com/file/d/1ETDiNM1fcEZxBbKMXQ0PJOPvNT-xdOTl/view?usp=sharing
```

■「マイニング・プール」の監視

いくつかの老舗「マイニング・プール」は、「REST API」が準備されており、「マイニング・プール」全体の状態や、自身のマイニングの状態を取得できる機能をもっています。

ここでは筆者が「Ethereum」のマイニングで利用している"Ethermine"のAPIを使って、自分のマイニング状況を把握するためのプログラムの一部を紹介します。

＜API解説ページ＞

```
https://ethermine.org/api/miner
```

リスト1 「Ethermine API」を呼び出すプログラム

```python
# -*- coding: utf-8 -*-

import urllib.parse
import urllib.request
import hmac, hashlib
import json
import sys
import codecs
import threading
import time
import datetime
import subprocess

class Ethermine():

    hashrate = 0
    balance = 0
    r_hashrate = 0

    # webAPIからJSONの形式の文字列の結果をもらう
    def dataGet(self, url):

        header_pm = {'User-Agent': 'Mozilla/5.0'}
```

```python
        req = urllib.request.Request(url, headers = header_pm)
        with urllib.request.urlopen(req) as resp:
            response = str(resp.read())[2:-1]
        return response.replace("\\n", "")


    # webAPIから取得したデータをJSONに変換する
    def jsonConversion(self, jsonStr):

        # webAPIから取得したJSONデータをpythonで使える形に変換する
        data = json.loads(jsonStr)
        return data

        # 日本語が u'\u767d' のようになってしまうため、Unicodeに変換する
        # return json.dumps(data[0], ensure_ascii=False)


    # Ethermine webAPIの結果を表示する。
    def getLog(self, address):

        isErr = False
        try:
            #Webから取得
            resStr = self.dataGet('https://api.ethermine.org/miner/' + address
+ '/dashboard')

            #JSON変換
            res = self.jsonConversion(resStr)
            #print(resStr)

            # 取得したデータを表示する
            data = res['data']
            currentStatistics = data['currentStatistics']

            self.balance = float(currentStatistics['unpaid']) / 1000000000000000000
            self.hashrate = float(currentStatistics['currentHashrate']) / 1000000
            self.r_hashrate = float(currentStatistics['reportedHashrate']) / 1000000

        except urllib.error.HTTPError:
            isErr = True
            print('@http error')
        except TypeError:
```

```
            isErr = True
            print('***')
        except KeyError:
            if self.balance > 0:
                isErr = False
            else:
                isErr = True


        return isErr


address = "*"
##### Main #####
if __name__ == '__main__':
    aa = Ethermine()
    if not aa.getLog(address):
        print('unpaid(ETH)', aa.balance)
        print('currentHashrate(MH/s)', aa.hashrate)
        print('reportedHashrate(MH/s)' ,aa.r_hashrate)
        print(aa.r_hashrate)
```

＜使い方＞

　ソースコード内の変数"address"に代入している "*" を、マイニングしている「Ethereum」の送信先アドレス"0x…"（４２文字）に書き換えて実行すると、以下の結果が表示されます。

＜実行結果画面＞

```
$ python3 Ethermine.py
unpaid(ETH) 0.027522427230459785
currentHashrate(MH/s) 302.56120179083337
reportedHashrate(MH/s) 332.340193
$
```

表9-1　実行結果解説・活用方法

出力値	取得できる内容	筆者の使い方
unpaid(ETH)	「払い出し前」のコインの数量	「監視プログラムログ」に出力して履歴をとる。もし数量が0⇒払出処理が実行されたら、ログをリセットして、新たなログをスタート。
currentHashrate(MH/s)	「採掘結果」から見たハッシュレート	「監視プログラムログ」に出力して履歴をとる。
reportedHashrate(MH/s)	マイニングソフトが報告したハッシュレート	「監視プログラムログ」に出力して履歴をとる。

■「マイニングソフト」の監視

いくつかの「マイニングソフト」も、オプション設定すれば「REST API」が使えて、マイニングの状態を取得できる機能をもちます。

＜APIを持っているマイニングソフトの例＞

マイニングソフトには「Bminer」「PheonixMiner」などがあります。

ここでは筆者が「Ethereum」のマイニングで利用している"PheonixMiner"のAPIを使って、自身のマイニング状況を把握するための、プログラムソースの一部を紹介します。

＜API紹介ページ＞

```
https://github.com/ethereum-mining/ethminer/blob/master/docs/API_DOCUME
NTATION.md#miner_getstat1
```

※最近開発が止まっている「Ethminer」のサイトですが、双方とも同じマイニングソフトを原点にして派生たものなので、「API」に互換性があります。

リスト2　「Pheonix Miner(Ethminer) API」を呼び出すプログラム

```python
# -*- coding: utf-8 -*-


import urllib.parse
import urllib.request
import hmac, hashlib
import json
import sys
import socket
import threading
import time
import datetime
import subprocess


class Ethminer():

    ver = ""
    running_min = 0
    total_hashrate = 0
    detail_hashrate = 0
    detail_Temp = []
    detail_Fan = []
    detail_InvaildShares = 0
```

```python
# webAPIからJSONの形式の文字列の結果をもらう
def dataGet(self, address, port):
    s = socket.socket(socket.AF_INET, socket.SOCK_STREAM)
    s.connect((address, port))
    s.sendall('{"id":0,"jsonrpc":"2.0","method":"miner_getstat1"}\n'.encode('utf-8'))
    resStr = ''
    while 1:
        data = s.recv(4096)
        resStr += data.decode('utf-8')
        if not data or (len(data) < 4096 and data[-3:] == b']}\n'):
            break
    s.close()
    #print (resStr)
    return resStr


# webAPIから取得したデータをJSONに変換する
def jsonConversion(self, jsonStr):

    # webAPIから取得したJSONデータをpythonで使える形に変換する
    data = json.loads(jsonStr)
    return data


# Ethminer webAPIの結果を表示する。
def getLog(self ,address ,port):

    isErr = False
    try:
        #Webから取得
        resStr = self.dataGet(address, port)

        #JSON変換
        res = self.jsonConversion(resStr)

        # 取得したデータを表示する

        data = res['result']

        self.ver = data[0]
        self.running_min = float(data[1])
        spearate = data[2].split(";")
```

```python
            self.total_hashrate = float(spearate[0]) / 1000

            self.detail_hashrate = data[3].split(";")
            for num in range(0,len(self.detail_hashrate)):
                self.detail_hashrate[num] = float(self.detail_hashrate[num]) / 1000

            detail_TempFan =data[6].split(";")
            self.detail_Temp = []
            self.detail_Fan = []
            for num in range(0, len(detail_TempFan) - 1, 2):
                self.detail_Temp.append(float(detail_TempFan[num]))
                num += 1
                self.detail_Fan.append(float(detail_TempFan[num]))

            detail_etc = data[8].split(";")
            self.detail_InvaildShares = int(detail_etc[0])

        except ConnectionRefusedError:
            isErr = True
            print('@rpc error')
        except TypeError:
            isErr = True
            print('***')
        except KeyError:
            if self.balance > 0:
                isErr = False
            else:
                isErr = True

        return isErr


##### Main #####
if __name__ == '__main__':

    aa = Ethminer()
    if not aa.getLog('192.168.0.12',3333):
        print('Version', aa.ver)
        print('Running minutie', aa.running_min)
        print('Total hashrate(MH/s)', aa.total_hashrate)
        print('Detail hashrate(MH/s)', aa.detail_hashrate)
```

111

```
        print('Detail Temp(C).',aa.detail_Temp)
        print('Detail Fan(%).' ,aa.detail_Fan)
        print('InvaildShares', aa.detail_InvaildShares)
```

＜使い方＞

　ソースコード内の関数"getLog"の引数に、マイニングしているパソコンの「IPアドレス」と、マイニングソフト実行時に設定した「接続ポート」に書き換えて実行すれば、以下の結果が表示されます。

※「Windows10」の場合、「ファイアウォール」の設定が別途必要です。

＜実行結果画面＞

```
$ python3 Ethminer.py
Version PM 5.6d - ETH
Running minutie 609.0
Total hashrate(MH/s) 150.216
Detail hashrate(MH/s) [47.601, 50.076, 33.627, 18.91]
Detail Temp(C). [65.0, 44.0, 46.0, 62.0]
Detail Fan(%). [48.0, 1820.0, 30.0, 56.0]
InvaildShares 2
$
```

表9-2　実行結果解説・活用方法

出力値	取得できる内容	筆者の使い方
Version	実行しているソフトのバージョン	監視プログラムログに出力して履歴をとる。
Running min.	マイニングソフトの実行時間合計	特になし
Total hashrate(MH/s)	マイニング・リグ全体のハッシュレート	監視プログラムログに出力して履歴をとる。もしも指定したハッシュレートを下回った場合、フリーズしているGPUがいる可能性があるため、「マイニング・リグ」を再起動する。
Detail hashrate(MH/s)	GPUごとのハッシュレート(配列変数)	監視プログラムログに出力して履歴をとる。
Detail Temp(C)	GPUごとの動作温度(配列変数)	監視プログラムログに出力して履歴をとる。[1]
Detail Fan(%)	GPUごとのファン回転%(配列変数)	監視プログラムログに出力して履歴をとる。
InvaildShares	「マイニング・リグ」全体のマイニング失敗回数[1]	監視プログラムログに出力して履歴をとる。もし「50」を超えたら、GPUが正しく動作していないものがあると判断し、「マイニング・リグ」を再起動する。[2]

■「仮想通貨売却」の自動化

ほとんどの「仮想通貨取引所」には、「ビットコイン」の「自動売買」を提供する目的で、「現物取引所」には「売買処理を実現するAPI」が準備されています。

一般的には、ビットコインの「自動売買システム」を、自分で開発したり、外部サービスを借りて接続して、運用したりするためのものだと思います。

＊

「グラフィックボード」を使った「マイニング・リグ」は、「ディープラーニング」(TensorFlow)を使った開発がバリバリできます。筆者は挫折しましたが…（笑）。

筆者的には、（a）「マイニングして得た仮想通貨」は、相場の上下で一喜一憂するのが面倒。
（b）細かく売却すれば相場の多少の上下も関係ないと悟ったこと。（c）利益がある程度得られるのであれば、相場が多少上下しようが関係なく売ってしまう。
……というポリシーにして、「**マイニング・プールから送付された仮想通貨があれば、即売却する**」プログラムを組んで、運用しています。

＊

「8-3 取得した仮想通貨を売却する」でも説明しましたが、「現物取引所」で扱っている「仮想通貨」は、各社あまりバリエーションがないですが、「bitFlyer」では、「Ethereum」を「現物取引所」での取り扱いがあるので、「bitFlyer」の「API」を使って、自動売却をプログラミングして運用しています。

＜API紹介ページ＞

https://bitflyer.com/ja-jp/api (bitFlyer Lightning API)

リスト3 「bitFlyer Lightning API」を呼び出すプログラム

```python
# -*- coding: utf-8 -*-

import hashlib
import hmac
import requests
import datetime
import json

class BitflyerAPIs():
    isErr = False
    # マーケットの一覧(Public)
    def getMarkets(self):
```

⤵

```python
        self.isErr = False
        data = ""
        try:
            response = requests.get("https://api.bitflyer.jp/v1/getmarkets")
            data = response.json()
            # for jsn_key in data:
                # print(jsn_key)
            return data
        except requests.exceptions.ConnectionError:
            self.isErr = True
            return "ConnectionError"
        except TypeError:
            self.isErr = True
            return "TypeError"
        except KeyError:
            self.isErr = True
            return "KeyError"


    # 最新価格(Public)
    def getTickerltp(self, product_code):

        self.isErr = False
        ret = 0
        try:
            response = requests.get("https://api.bitflyer.jp/v1/ticker?product_
code=ETH_JPY")
            data = response.json()
            # print (data)
            ret = data["ltp"]
        except requests.exceptions.ConnectionError:
            self.isErr = True
            return -3
        except TypeError:
            self.isErr = True
            return -2
        except KeyError:
            self.isErr = True
            return -1
        return ret
```

⤵

```python
# 残高取得(Private)
def getBalance(self ,param_api_key, param_api_secret, prarm_currency_code):

    self.isErr = False
    try:
        base_url = "https://api.bitflyer.jp"
        path_url = "/v1/me/getbalance"
        method = "GET"

        timestamp = str(datetime.datetime.today())
        body = ""
        message = timestamp + method + path_url + body
        signature = hmac.new(bytearray(param_api_secret.encode('utf-8')),
message.encode('utf-8') , digestmod = hashlib.sha256 ).hexdigest()

        headers = {
            'ACCESS-KEY' : param_api_key,
            'ACCESS-TIMESTAMP' : timestamp,
            'ACCESS-SIGN' : signature,
            'Content-Type' : 'application/json'
        }

        response = requests.get( base_url + path_url , data = body , heade
rs = headers)
        #print( response.status_code )
        data =  response.json()
        #print(data["currency_code"])
        for jsn_key in data:
            if jsn_key["currency_code"] == prarm_currency_code:
                return jsn_key["amount"]
    except requests.exceptions.ConnectionError:
        self.isErr = True
        return -3
    except TypeError:
        self.isErr = True
        return -2
    except KeyError:
        self.isErr = True
        return -1
```

```
        return 0

    # 取引手数料を取得(Private)
    def getTradingCommission(self ,param_api_key, param_api_secret, param_prod
uct_code):

        self.isErr = False
        try:
            base_url = "https://api.bitflyer.jp"
            path_url = "/v1/me/gettradingcommission?product_code=" + param_pro
duct_code
            method = "GET"

            timestamp = str(datetime.datetime.today())
            body = ""
            message = timestamp + method + path_url + body
            signature = hmac.new(bytearray(param_api_secret.encode('utf-8')),
message.encode('utf-8') , digestmod = hashlib.sha256 ).hexdigest()

            headers = {
                'ACCESS-KEY' : param_api_key,
                'ACCESS-TIMESTAMP' : timestamp,
                'ACCESS-SIGN' : signature,
                'Content-Type' : 'application/json'
            }

            response = requests.get( base_url + path_url , data = body , heade
rs = headers)
            #print( response.status_code )
            data =  response.json()
            return data["commission_rate"]
        except requests.exceptions.ConnectionError:
            self.isErr = True
            return -3
        except TypeError:
            self.isErr = True
            return -2
        except KeyError:
            self.isErr = True
            return -1
```

```
        return 0

    # 新規注文を出す
    def  sendChildOrder(self ,param_api_key, param_api_secret, param_product_
code, param_child_order_type, param_side, param_price, param_size, param_expi
re = 60, param_force = "GTC"):
        self.isErr = False
        try:
            base_url = "https://api.bitflyer.jp"
            path_url = "/v1/me/sendchildorder"
            method = "POST"

            timestamp = str(datetime.datetime.today())
            param = {
                "product_code" : param_product_code, # "FX_BTC_JPY"
                "child_order_type" : param_child_order_type, # 指値注文の場合は
"LIMIT"，成行注文の場合は "MARKET"
                "side" : param_side, # 買い注文の場合は "BUY"，売り注文の場合は "SELL"
                "price" : param_price, # 価格を指定します。child_order_type に "LI
MIT" を指定した場合は必須
                "size" : param_size, # 必須。注文数量
                "minute_to_expire" : param_expire, # 期限切れまでの時間を分で指定し
ます。省略した場合の値は 43200 (30 日間) です。
                "time_in_force" : param_force #執行数量条件 を "GTC", "IOC",
"FOK" のいずれかで指定します。省略した場合の値は "GTC" です。
            }
            body = json.dumps(param)
            print(body)

            message = timestamp + method + path_url + body
            signature = hmac.new(bytearray(param_api_secret.encode('utf-8')),
message.encode('utf-8') , digestmod = hashlib.sha256 ).hexdigest()

            headers = {
                'ACCESS-KEY' : param_api_key,
                'ACCESS-TIMESTAMP' : timestamp,
                'ACCESS-SIGN' : signature,
                'Content-Type' : 'application/json'
            }
```

```python
        response = requests.post( base_url + path_url , data = body , head
ers = headers)
            if response.status_code != 200:
                self.isErr = True
                #print(response)
                return response.status_code
            #print( response.json() )
            data =  response.json()
            return data["child_order_acceptance_id"]
        except requests.exceptions.ConnectionError:
            self.isErr = True
            return "ConnectionError"
        except TypeError:
            self.isErr = True
            return "TypeError"
        except KeyError:
            self.isErr = True
            return "KeyError"


    # 注文をキャンセルする
    def  cancelChildOrder(self ,param_api_key, param_api_secret, param_produ
ct_code, child_order_acceptance_id):
        self.isErr = False
        try:
            base_url = "https://api.bitflyer.jp"
            path_url = "/v1/me/cancelchildorder"
            method = "POST"

            timestamp = str(datetime.datetime.today())
            param = {
                "product_code" : param_product_code, # "FX_BTC_JPY"
                "child_order_acceptance_id" : child_order_acceptance_id #　新規
注文を出した API の受付 ID
                #"child_order_id " 　キャンセルする注文の ID
            }
            body = json.dumps(param)
            print(body)

            message = timestamp + method + path_url + body
            signature = hmac.new(bytearray(param_api_secret.encode('utf-8')),
```

```
message.encode('utf-8') , digestmod = hashlib.sha256 ).hexdigest()

            headers = {
                'ACCESS-KEY' : param_api_key,
                'ACCESS-TIMESTAMP' : timestamp,
                'ACCESS-SIGN' : signature,
                'Content-Type' : 'application/json'
            }

            response = requests.post( base_url + path_url , data = body , head
ers = headers)
            print( response.status_code )
            if response.status_code != 200:
                self.isErr = True
                return "err"
            return "success"
        except requests.exceptions.ConnectionError:
            self.isErr = True
            return "ConnectionError"
        except TypeError:
            self.isErr = True
            return "TypeError"
        except KeyError:
            self.isErr = True
            return "KeyError"


    # 注文の一覧を取得(Private)
    def getChildOrders(self ,param_api_key, param_api_secret, param_product_
code, child_order_acceptance_id):

        self.isErr = False
        try:
            base_url = "https://api.bitflyer.jp"
            path_url = "/v1/me/getchildorders?product_code=" + param_product_
code + "&child_order_acceptance_id=" + child_order_acceptance_id
            method = "GET"

            timestamp = str(datetime.datetime.today())
            body = ""
            message = timestamp + method + path_url + body
```

```
            signature = hmac.new(bytearray(param_api_secret.encode('utf-8')),
message.encode('utf-8') , digestmod = hashlib.sha256 ).hexdigest()

            headers = {
                'ACCESS-KEY' : param_api_key,
                'ACCESS-TIMESTAMP' : timestamp,
                'ACCESS-SIGN' : signature,
                'Content-Type' : 'application/json'
            }

            response = requests.get( base_url + path_url , data = body , heade
rs = headers)
            #print( response.status_code )
            if response.status_code != 200:
                self.isErr = True
                return "err"
            data =  response.json()
            ret = "Finish"
            for jsn_key in data:
                print(jsn_key)
                ret = jsn_key["child_order_state"]
            return ret
        except requests.exceptions.ConnectionError:
            self.isErr = True
            return "ConnectionError"
        except TypeError:
            self.isErr = True
            return "TypeError"
        except KeyError:
            self.isErr = True
            return "KeyError"

api_key = "*"
api_secret = "*"

##### Main #####
if __name__ == '__main__':

    a = BitflyerAPIs()
```

```
b = a.getMarkets()
print('getTickerltp', a.getTickerltp("ETH"))
balance = a.getBalance(api_key, api_secret, "ETH")
commission = a.getTradingCommission(api_key, api_secret, "ETH_JPY")
print('getBalance', balance)
print('getTradingCommission', commission)
print('売却可能なコイン数(残高から手数料を引いたもの)', balance * (1 -commission))
```

＜使い方＞

　ソースコード内の変数"api_key","api_secret"へ代入している "*"を、「bitFlyer」にログインしたのち、"bitFlyer Lightning "のメニューから"API"で取得して、そのキーに書き換えて実行すると、以下の結果が表示されます。

*

　実際に売却に関係するコマンドは、プログラム内に含んでいません。

　メソッドの使い方のみを簡単に紹介します。

＜実行結果画面＞

```
$ python3 BitflyerAPIs.py
getTickerltp 375182.0
getBalance 9e-08
getTradingCommission 0.0015
売却可能なコイン数(残高から手数料を引いたもの) 8.9865e-08
$
```

表9-3　実行結果解説・活用方法

出力値	取得できる内容	筆者の使い方
getTickerltp	現物取引所での最新売買額	利益が得られる以上の価格であれば、売却実行を判断する。
getBalance	自分の口座にあるコイン残高を取得	指定額以上の残高(マイニングプールから入金)があるかを確認。あれば売却実行を判断する。
getTrading Commission	現在の取引手数料を取得	売却金額を計算するために必要。 売却金額＝残高－手数料
sendChildOrder ※サンプル実行には含みません	売買オーダーを出す。	売却オーダーを出す。
getChildOrders ※サンプル実行には含みません	処理中のオーダーリストを出力する。	売却オーダーを出した後。 処理が完了できたことを確認する。
cancelChildOrder ※サンプル実行には含みません	売却オーダーをキャンセルする。	もし、売却オーダーが一定期間処理されない場合は、キャンセルする。 ⇒最新の取引金額で再度売却オーダーを出し直す。

9-6 HDDマイニング

　2021年のゴールデンウィークころから、仮想通貨界隈は、チア（CHIA）というHDDでマイニングをする「仮想通貨」が話題になりました。

　「国内取引所」に扱いがなく、ハードルは高いですが、こんなものもあるよという意味で、その方法について紹介していきます。

■ CHIA（チア）とは？

　「CHIA」（チア）は、「roof of Time & Space」という技術によって、「HDD容量」をマイニングに活用し、「グラフィックボード」を使うより、はるかに省電力でマイニングできる点が新しい、「仮想通貨」です。

図9-28　チアのホームページ
https://www.chia.net/

表9-4　グラフィックボードマイニングとの比較

	グラフィックボードマイニング	HDDマイニング
仕組み	プルーフ・オブ・ワーク（PoW） お題に対して、グラフィックボードで計算をし、早く結果を出した人に成果が払われる。	プルーフオブタイムアンドスペース（PoTS） 事前にストレージへ計算結果をプール、出てきたお題がヒットすれば、成果が発生する。
消費電力	多大《例》グラフィックボード1枚当たり（50W〜250W）	小《例》ハードディスク1台当たり（5W〜10W）

■ HDDマイニング（プールマイニング）のやり方

　ここからは、「CHIA」（チア）をマイニングするために、ハードウェアの準備から、ソフトウェアの設定までを、ざっくり紹介していきます。

●ハードウェアの準備
＜ストレージの選定＞

　「チア」のマイニングの仕組みは、最初に「プロット」と呼ばれる、「マイニング」（「チア」ではファーミングと呼ぶ）に必要な計算をあらかじめ行なった「101GB」程度のファイルを、とにかくたくさん用意しておいてから、ファーミングを実行し、「マイニング・プール」からのお題に、自分がもっているプロットファイルが該当すれば、利益を得られるという仕組みです。

　よってプロットファイルを、たくさん作ってたくさん保管できる環境が必要になります。また、容量対単価がいちばん安価なHDDを、たくさん準備する必要があります。

　しかし、プロットファイルを大量に作るときには、大容量データを高速に読み書きできるストレージが必要です。（「ファーミング」のときはあまり意識する必要はない）。

＊

　高速に読み書きできるストレージと言えば、「SSD」（「M.2規格」のものが望ましい）ですが、SSDが情報の記録や読み出しに使っている「フラッシュメモリ」は、書き込みや消去（内部動作）のたびに素子が劣化するという弱点もあり、大容量の読み書きにはあまり向かないという特性もあり、考えどころでもあります。

　また、**表9-5**のように、HDDについても、2種類の書込方式のものが販売されていますが、安価で大容量のHDDで主流の「SMR」と呼ばれる方式を採用しているものは、大容量の書き込み速度が特性上遅く、プロットファイルの作成に向きません。

表9-5　書き込み方式の違い

SMR （Shingled Magnetic Recording）	「SMR」は、データを書き込むトラックを瓦屋根のように重ね合わせる。 そのぶん書き込みが遅くなるので、「キャッシュメモリ」を利用して書き換えることで大容量化を実現した。
CMR （Conventional Magnetic Recording）	「CMR」はトラックを重ね合わせず、「キャッシュメモリ」を使わない、従来の書き込み方式。

　筆者的には、どちらがいいというわけではなく、「CMR」のHDDは、「プロット・ファイル」の作成と保管用、「SMR」のHDDはプロットファイル保管専用--と使い分けをすればいいかなと考えます。

＜ケースの選定＞

　HDDマイニングには、多数のHDDの搭載が必要です。

　HDDの冷却を考慮し、メッシュ構造を多用した、通気性の高いPCケースの選択（筆者的には上方排気ファンも必要）と考えます。

図9-29　筆者のHDDマイニング用PC
５インチベイ×9

＜ハードディスクの設置＞

　ハードディスクをケースに設置する際には、HDDは密に設置すると、排熱が苦しくなり、故障の原因となります。

　間隔をあけて取り付け、かつ、「5インチベイ」に入れるリムーバブルラックなどを使わずに、簡易な変換マウンタを使うのがいいと考えます。

図9-30　「5インチベイ用」のHDDマウンタの例

＜CPU・マザーボードの選定＞

　プロットファイルの作成には、ある程度のCPU能力（スレッド数）が必要となり、コア数が多いものがいいですが、「ファーミング」には、CPU能力はあまりありません。

　CPUの選定は、気合の入れ方次第でしょうか。

　マザーボードには、HDDをたくさん接続できるように、「SATA端子」がたくさんあるものがいいです。

　「SATA増設ボード」を追加するという手もあるので、そのあたりも、どの程度の構成にするか、次第かと考えます。

図9-31　SATA増設ボード PCI-Express x1接続

●ソフトウェアの準備

　ここからは、「チア」の「プール・マイニング」の準備について、公式プロトコルではいちばん勢いがありそうな「スペースプール」を例に紹介します。

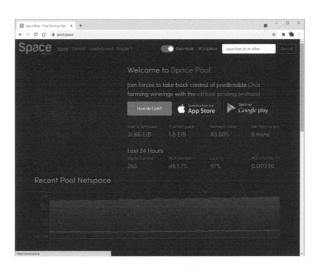

図9-32　「スペースプール」のHome画面
https://pool.space/

[導入手順]

[1] **図 9-28** の「チア」のホームページより、クライアントソフトをダウンロードし、インストールして、アドレスを作成し、実行します。

[2] 実行すると、「チア」のブロックチェーン情報をシンクが開始されるので、終了するまで待ちます。

「シンク」はかなり時間がかかります。

筆者は 2021 年 8 月ごろに行ったときは、2 日ぐらいかかりました。

図9-33　「CHIA」のホームページ

[3]「スペースプール」の設定をします。

図9-34　「マイニング・プール」の設定画面(何も登録していない状態)

[4]「プール・マイニング」を行なうためには、マイニングをするアカウントのウォレットに、「CHIA」を少量入れます。

ヘルプでは、友達にもらうようにとも書いてありますが、友達がいない人のために、最低限必要な「CHIA をくれる仕組みも準備してあります。

図9-35

自分のウォレットに何もない状態。ADD…ボタンを押すと、最低限必要な「CHIA」をくれる画面に遷移します。

[5]　最後に接続するプールの URL を設定して、「作成」をクリックします。

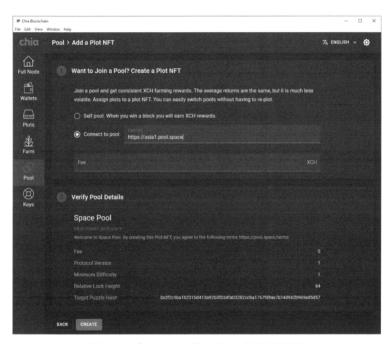

図9-36　「マイニング・プール」の設定画面

＜PLOTファイルの作成＞

「チア・マイニングの肝」は、「このファイルがたくさん作成してある＝報酬が増える」。

「エヌエフティー Plot ファイル」を作成して、ためていく必要があります。

「チア」のクライアントソフトで作成する手順は、以下のとおり。

[手順]

[1]初期画面で「ADD…」をクリックします。

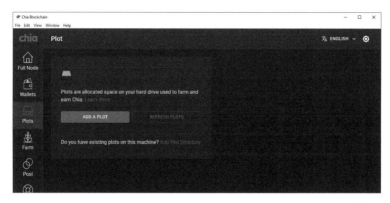

図9-37　プロットファイルの作成初期画面。

[2]「プロットファイル」の「作成パラメータ」を設定する画面になります。
　　以下のように設定します。

---

①「Choose Plot Size」は、デフォルト設定でOK

②「Choose Number of Plots」は、プロットファイル何個作るかの設定。
　下の「ラジオボタン」で一つずつ作るか、同時並行で作るかを設定。

③「Select Tmporary Directory」は、作業領域のフォルダを指定。
　「220」から「230GB」くらいの空き容量が必要。
　高速なストレージを選ぶと、早く作成できる。

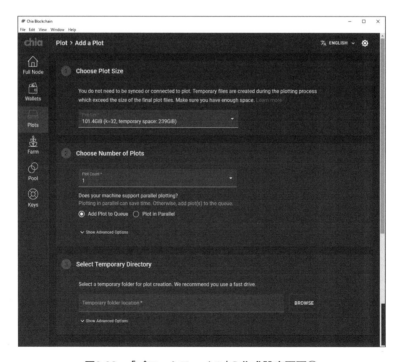

図9-38　「プロットファイル」の作成設定画面①

④「Select Final Directory」は、作成した「プロットファイル」の置き場所を指定。

　「ファーミング」で使うときに保管するフォルダを設定。

⑤「Join a Pool」で「マイニング・プール」を選択。

　設定すると、「NFT Plot」ファイルと呼ばれるファーミングできる形式になり、設定しないと「ソロ・マイニング用のプロットファイル」になってしまうので、注意。

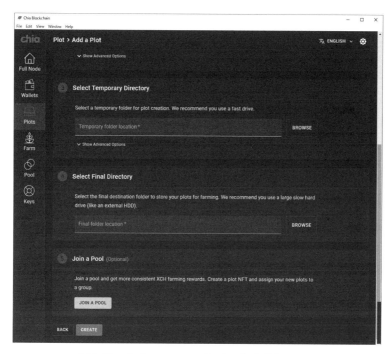

図9-39　「プロットファイル」の作成設定画面2

[3] 入力したら「作成」を押せば、「プロットファイル」の作成が開始されます。

[4] 最後に、先の画面④で指定したフォルダを、**図9-39**の「Add Plot Directory」で追加して、「CHIA クライアント」に「プロットファイル置き場所」を設定すると、「ファーミング」に使われます。

　この設定は、新たなフォルダを増やした都度、行なうだけです。

図9-40　プロットファイルの確認画面。
ここに表示されているファイルが有効になっている。

しかし、追加作成された「プロットファイル」が認識されないことが、ままあります。
そのときは、「リフレッシュ・プロット」をクリックすると、認識されます。

●マイニング状況の確認

マイニングの進捗状況は、「CHIA クライアント」ではなく、「マイニング・プール」のサイトから見ます。

その手順を紹介します。

図9-41の「Launcher id」の文字列をコピーして、前項の図9-32「スペースプールの Home 画面」の左上、「Launcher id検索」の入力欄へ貼り付け検索すると、進捗状況が表示されます（**図9-42**）。

この URL をブラウザの「お気に入り」に入れておけば、スマホでも進捗の確認ができます。

図9-41 「マイニング・プール」の設定画面(プール設定済み)
「0x」で始まるところをコピー

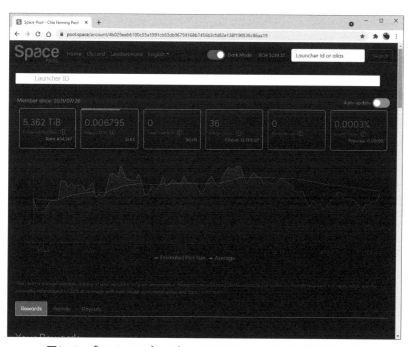

図9-42 「スペースプール」のサイトで、マイニング状況を確認中

「マイニング」が進み、一定量になると、クライアントのウォレットに「チア」が送付されます。
「スペースプール」の場合、「0.01チア」が、デフォルト設定になっています。

●チアの送金

マイニングした結果は、自分の「チア・ウォレット」に蓄積されます。

これを換金するには、「仮想通貨取引所」に送信が必要です。

＊

ここからは、「送信方法」について解説します。

[手順]

[1] 図9-42にて、「送信先アドレス」に「仮想通貨取引所」のウオレットアドレスを指定して、「送信金額」と「Fee」を入力して、「送信」ボタンを押せば、送信されます。

＊

「Fee」は送信するための手数料です。

他の仮想通貨と同様、この金額の多さで取引スピードが決まりますが、「チア」の場合、今のところ「0」でも送信できるようです。

しかし、今後取引量が増えるとともに、いくらかは必要になります。

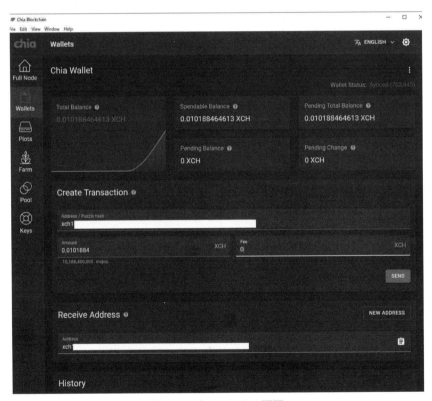

図9-43　ウォレットの画面

図9-44　海外取引所「Hotbit」の画面
「チア」は「国内取引所では扱いがないため、
海外取引所のアカウントが必須。「XCH」が「チア」

## 第10章

収支的には見合うものか

「仮想通貨マイニング」と言うからには、マシンを組んで動作させるだけではなく、「収益を得る」ことが目的です。

「収益を出す」には、マイニングをして得られるコインの「量」「価格」が、マイニングの「電気代」を上回る必要があります。

筆者の実績を例に、「グラフィックボード・マイニング」している「Ethereum」(イーサリアム)と、「ハードディスク・マイニング」のチアの2つのケースについて、日当りの収支を下図にまとめました。

10-1　筆者の実績

■ 【Case1】　グラフィックボード・マイニング、「Ethereum」の収支

「Ethereum」については、2021年3月ごろと、9月20日現在の2つで比較しました。

「Ethereum」は8月の大型アップデートによって、今後のマイニング廃止に向けマイニングの効率が下がる傾向になっています。

その影響もあり、3月から9月にかけて機器を強化し、「ハッシュレート」が上がったにもかかわらず、実際の採掘量は減少しています。

ただ、**相場が上がっているため、収入は変わらない**という状態です。

2021/3/20頃		
消費電力実測値	ハッシュレート	採掘量/日※2
758W	230.2MHs	0.0120ETH
電力料金/日※1		収益/日※3
¥400		¥2,376

※1　電力単価(1KW/H 22円)にて試算
※2　2021/3/20頃の試算
※3　2021/3/20頃の相場 198,000円/1ETHで試算

2021/9/20現在		
消費電力実測値	ハッシュレート	採掘量/日※2
1131W	334MHs	0.0069ETH
電力料金/日※1		収益/日※3
¥597		¥2,381

※1　電力単価(1KW/H 22円)にて試算
※2　2021/9/20頃の試算
※3　2021/9/20頃の相場 346,000円/1ETHで試算

図10-1　グラフィックボード・マイニング「Ethereum」の収支

■ [Case2]　ハードディスク・マイニング、「チア」の収支

　「グラフィックボード」のマイニングと異なり、圧倒的に省電力なことが分かると思います。

　筆者は今のところ、ハードディスクを中古などでかき集めて6台構成で運用して、とりあえず利益が出せている感じです。

2021/9/20現在		
消費電力実測値	プロット数	採掘量/日※2
67W	245	0.0052XCH
電力料金/日※1	総ディスク容量	収益/日※3
¥35.38	24,745GB	¥104

※1　電力単価(1KW/H 22円)にて試算
※2　2021/9/20頃の試算
※3　2021/9/20頃の相場 20,000円/1XCHで試算

図10-2　ハードディスク・マイニング「チア」の収支

■ イニシャルコストも含めて考えると…

それなりの構成で「マイニング・リグ」を構築し、稼働させれば、利益を得ることはできます。

しかしながら、こういった機器を揃えるためにイニシャルコストは当然必要で、かつ、昨今の「マイニング・ブーム」によって、各機器の価格が高騰。

マイニング環境構築のハードルは、かなり高いと思います。

また、この相場がいつまでもつのかは、神のみぞ知るであり、「自作パソコンの趣味的マゾヒズムとして、"やっちまった"と出費を許容できる人」以外(投資として考える人)は、止めたほうがいいと思います。

10-2 「PCマイニング」に未来はあるのか

過去、「ビットコイン」や「Monero」、「モナコイン」など、さまざまな、「仮想通貨」がパソコンのマイニングの対象でした。

しかし、現在それらのマイニングは、それぞれ「専用ASIC」を積んだ専用機が担うようになり、パソコンでのマイニングでは利益を得ることができません。

また、今マイニングの定石である「Ethereum」も、次期バージョンでは、マイニングを必要としない仕組みへの移行が決まっており、仮想通貨界隈も日々変化していきます。

*

今後、パソコンを使ったマイニングが廃れるかというと、そういうわけでもなく、また新しい仮想通貨が誕生し、それらにパソコンは引き続き活用されていくと考えています。

「マイニング」は、「お金」という、人により意見が分かれるものを扱うテーマで、かつ、前回、今回ブームともに、投資として「グラフィックボード」の買い占めなどが話題となり、賛否両論があるかとは思います。

筆者としては、「マイニング」というテーマで、一昔前のスーパーコンピュータクラスの能力を、自作PCで止まらないように運用する(ついでに儲かればラッキー)という、"ロマン"というか"趣味"というか、そんな感じで、今後も自作PC界隈のジャンルの1つとして、続けていければ、と考えています。

索引

50音順

索引

142

[著者略歴]

なんやら商会（なんやらしょうかい）

▼ 197X 年生まれ。某高専情報工学科卒。
▼ 当時、圧倒的シェアだった国産パソコンを扱う販売店のプログラマーから、製造業の社内 SE を経て、IT 部門の課長に。
▼ 自身でシステム構築することがなくなったが、技術的好奇心を趣味の自作PC や模型作りへ傾倒。
▼ それが高じて、「YouTube チャンネル」で、トミカを始めとした「ミニカーの改造」や「自作PC」（最近はマイニングがホット）関連の動画の配信を始める。

▼ YouTube チャンネル「なんやら商会」
https://www.youtube.com/channel/UCHtvkIkRtch_rWROwKaS3CA

質問に関して

本書の内容に関するご質問は、

① 返信用の切手を同封した手紙
② 往復はがき
③ FAX (03) 5269-6031
　（ご自宅の FAX 番号を明記してください）
④ E-mail　editors@kohgakusha.co.jp

のいずれかで、工学社編集部宛にお願いします。電話によるお問い合わせはご遠慮ください。

サポートページは下記にあります。
［工学社サイト］http://www.kohgakusha.co.jp/

I/O BOOKS

「仮想通貨」の大容量データを超高速計算する「自作PC」

2021 年 12 月 25 日　初版発行　ⓒ 2021

著　者	なんやら商会
発行人	星　正明
発行所	株式会社工学社
	〒 160-0004 東京都新宿区四谷 4-28-20　2F
電話	(03) 5269-2041 (代) ［営業］
	(03) 5269-6041 (代) ［編集］
振替口座	00150-6-22510

※定価はカバーに表示してあります。

［印刷］シナノ印刷 (株)

ISBN978-4-7775-2177-7